英語科学論文を
どう書くか

新しいスタンダード

保田幸子

ひつじ書房

本書で学習する皆さんへ

　本書は，21世紀の大学生・大学院生・若手研究者を対象とした英語による科学論文執筆のためのガイドブックです。国際的に通用する英語科学論文とはどのようなものかについて，「書き手と読み手の関係」に着目した上で，「優れた書き手がどのように読み手を導いているか」に焦点を当て解説していきます。

　日本の正規教育では，作文を「言語技術（コミュニケーションの道具としてのことばの使い方）」として教えるという考え方が十分浸透しておらず（木下 1994, 1996），中・高・大いずれの段階においても，読み手や目的を意識して状況に相応しい文章を書くという活動が不足しているという報告があります（保田・大井・板津 2014）。このように体系的で継続的なライティング指導が不足している中，見よう見まねで試行錯誤を重ねて英語論文を執筆している大学院生や研究者は少なくありません。さらに，「論文では客観的事実のみを書く」や「論文では客観性を保つために一人称の使用や曖昧な表現は避ける」といった必ずしも正しくない通説が，これらの学習者層にとって論文執筆をさらに難しいものにしている点は否めません。

　本書が強調する「書き手の主体性を表現する文章」および「読み手を導き，読み手を引き付ける文章」は，これまでに刊行された英語論文ガイドブックでは触れられていない新しい視点であり，「21世紀型の新しい科学論文」を学ぶことのできる初めてのガイドブックであると言えます。本書の内容は，母語の日本語で論文を書く際にも活かせる内容であり，本書は，英語と日本語双方に共通する転移可能な文章能力を育成するきっかけにもなるはずです。

本書と類書の違い

　過去にも，科学論文の書き方についての教科書やガイドブックは刊行されてきていますが，その多くが「論文は客観的に書く」，「主観は排除する」という前提で構成されていました。例えば，「一人称のIやWeの使用は控える」，「主観の入る表現や曖昧な表現は避ける」といった通説は，これまで刊行されてきたガイドブックで推奨されてきたものです。

　一方，本書では，北米を中心とするコンポジション研究の最新の知見に基づき，「論文が，意志のある人間によって書かれる以上，書き手の主観性を完全に排除することはできない」という社会的アプローチの立場を取っています。昨今，上述したような「一人称の使用は控える」，「主観の入る文は避ける」という社会的コンテクストを軽視した静的なルールは「古いしきたり」となりつつあり，最新のコンポジション研究では，書き手の個性や主体性を明示的に示すことが推奨されるようになっています。実際，自然科学系トップジャーナルの現在の投稿ガイドラ

インには「Active voice is much preferred to passive voice（受動態よりも能動態の方が好ましい）」(*Ophthalmology*)，「Use active voice when suitable（状況に応じて能動態を使うこと）」(*Science*) 等の新しいルールが明記されています（→p. 32 表4）。

　本書は，このように従来推奨されてきた固定的な「客観的な文章」を超えて，目的や状況に応じて適切な文体を選択しながら「書き手の主体性」を読み手に伝える21世紀型の新しい科学論文執筆法を提案しようとしている点に新しさがあります。

本書の構成

本書は3部構成で成り立っています。

第1部「準備編」では，まず，従来，科学論文においてなぜ「客観性」が重視されるようになったのか，その歴史的背景について説明します。その後，最新のコンポジション研究の成果に基づき，昨今は「客観的な文章」から「書き手の主体性を伝える文章」が評価されるようになっていること，従来はタブーとされたIやWeの使用や能動態の使用に対する考え方が変化してきていることを解説します。

第2部「基本編」では，科学論文のIMRaD構成（Introduction, Methods, Results, and Discussion）に基づき，「読み手を導く科学論文とはどのようなものか」について解説します。論文のIMRaD型は研究者には馴染みの深い形式ではありますが，本ガイドブックでは，「Move」という多くの読者にとって新しい概念について解説します。「Move」とは，それぞれのセクションに特有の情報展開，つまり「型」のことであり，この「型」を実現する定型表現をマスターすることで，読み手を効果的に導くことが可能となります。

第3部「発展編」では，科学論文における書き手の「主体性」の表現方法について解説します。具体的には，「Attitude Markers（命題に対する書き手の態度）」，「Boosters（強調表現）」，「Hedges（緩衝表現）」，「Self-Mentions（自己言及）」という4つの概念について紹介し，優れた書き手がどのように主体性を表明し，どのように読み手を引き付け，読み手を導いているかを具体例を示しながら丁寧に解説します。

目 次

第3部　発展編　読み手を導き読み手を引き付ける文章を書く

第 1 部

準 備 編

「主観的な文章はダメ」
という通説の縛りから逃れる

第 1 章

科学論文とは何か

はじめに

　研究成果を報告する科学論文では，一般的に，「主観的な文章はNG」とされ，「客観的な文章」が推奨されてきました。科学論文を執筆中の研究者，またこれから執筆を予定している学生の皆さんの中にも，この通説を科学論文執筆上のルールとして指導されたことのある方がおられるかもしれません。また，明示的に指導されたことがなくても，この通説を耳にしたことのある方がおられるかもしれません。しかし，科学論文では，なぜ「主観禁止」の縛りがあるのでしょうか？ 書き手の主観が入る文章は，なぜ排除されなければならないのでしょうか？ そして，その縛りは，いつ，誰が決めたもので，なぜ通説になっていったのでしょうか？ なんとなく理解しているつもりでも，いざ人に説明しようとすると十分納得のいく説明が難しいと感じるかもしれません。

　そこで，本書の準備編では，まず，「科学論文」とはそもそもどのようなジャンルなのかという点について整理し，このジャンルにおいて「読み手に好まれる文章」とはどのようなものかについて，コンポジション研究の理論に基づいた理解を得ることを目指します。

　それぞれのセクションでは，まず初めにKey Questionが提示され，その問いに答える形で解説が続きます。本書を授業で使われる先生は，解説の前に，Key Questionを学生に投げかけ，学生同士で意見交換させるなどして，まず学生に考えさせてみてください。先生の解説の前に，学生それぞれが持つスキーマ（schema，過去の学習や経験により，長期記憶として蓄えられた知覚データ）を活性化させることにより，次に続く新しい情報と既知情報の関連づけが起こり，未知情報への「気づき」をより効果的に促進し，長期記憶につながるような「学び」を起こすことが期待できます。

　本書を，独学で使用される方も，Key Questionで提示された問いについて，まずご自分の答えを，独り言で構わないので言語化してみてください。ご自身のスキーマをフルに活用させてから解説を読むことで，既知と未知の関連づけが起こり，これまで断片的だった知識が一本の線でつながることがあるかもしれません。

Key Question 1

「科学論文」とはどんなジャンル？
誰のために，何のために書くもの？

科学論文とは：ジャンルとしての特徴

　書き言葉を媒介とするジャンルには様々なものがあります。例えば，随筆，評論，小説，新聞記事，法令・白書，対談記事，エッセイ，日記，手紙，ブログ，ツイート，テキストメールなどが挙げられます。「科学論文」も，書き言葉を媒介とするジャンルの1つです。これらの多様なジャンルは，同じ書き言葉とはいえ，文章や文体の特徴が異なります。理由は，ジャンルによって，使用領域（レジスター）が異なり，ターゲットとなる読み手層が異なり，読み手のニーズや興味・関心も異なるからです。書き手は，常に読み手のニーズや興味・関心を考え，どのようにして読み手に伝えたいことを理解させるか，どのようにして読み手を引き付けるかを意識し，最も適切な「単語や文体の選択」をしています。

　書き言葉は，話し言葉と違い，コミュニケーションの場において，文脈の力（指示物，表情，ジェスチャーなど）を借りることはできません。また，話し言葉においては，非文法的で結束性（cohesion，文と文のつながり）のない文章でも意味を伝達することができますが，書き言葉では，1つ1つの文は文法的に正確であることに加えて，文と文の結束性が明示的に示される必要があります（Ong 1982）。したがって，読み手にいかに理解させるかは，書き手による「単語や文体の選択」にかかっているといってもよいでしょう。つまり，「意味がよく分からない」ことを読み手の責任にしてはならない，ということです。

　文章を書く際に初心者は「自己中心」になりやすい（自分が言おうとしていることを，自分が理解しやすいように，自分が心地いいように書いてしまう）傾向があります。一方で，優れた書き手は，読み手が理解できるよう，論理展開を考えながら，読み手を誘導するように文章を書いています。伊丹（2001）は，「アマチュアは自己中心，プロは他人のために書く」と述べています（p. 190）。

　表1は，話し言葉と書き言葉における「単語や文体の選択」の違いを示しています。相手に伝える情報の内容は同じであっても，言語を表出する状況が異なれば，好まれる語られ方は変わります。話し言葉，書き言葉でどのような違いがあるか分析し，書き手の「単語や文体の選択」がいかに読み手の理解に影響を与えるかについて考えてみてください。

表1　話し言葉と書き言葉の違い

話し言葉	書き言葉
In the beginning God created heaven and earth. And the earth was void and empty, and darkness was upon the face of the deep; and the sprit of God moved over the waters. And God said: Be light made. And light was made. And God saw the light that it was good; and he divided the light from the darkness. And he called the light Day, and the darkness Night; and there was evening and morning one day.	In the beginning, when God created the heavens and the earth, the earth was a formless wasteland, and darkness covered the abyss, while a mighty wind swept over the waters. Then God said, 'let there be light,' and there was light. God saw how good the light was. God then separated the light from the darkness. God called the light 'day' and the darkness he called 'night.' Thus evening came, and morning followed—the first day.

(Ong 1982, p. 37)

Exercise 1

話し言葉と書き言葉の違いについて，気がついたことを書いてみましょう。

　科学論文も，随筆，新聞記事や日記などの他のジャンルと同様に，ターゲットとなる読み手層が存在し，科学論文の書き手は，その読み手が内容を理解できるよう，最も適切な「単語や文体の選択」をしています。それでは，科学論文とは，何のために，どのような読み手を想定して書くジャンルなのでしょうか？目的，読み手，伝える内容，言語的特徴の観点から，科学論文の特徴を考えてみてください。

Exercise 2

「科学論文」というジャンルの特徴についての表を完成させてください。

目的（Purpose）	
読み手（Audience）	
伝える内容（The content）	
言語的特徴（Linguistic features）	

　科学論文とは，科学分野の学術論文（Research Article, Research Paper）のことで，自身の研究成果について，同じ分野や領域に所属する研究者に向けて，その重要性や新規性が読み手に十分伝わるように報告することを目的としたジャンルです。研究とは，今まで誰にも知られていなかった新しいことを初めて明らかにしていく作業です。したがって，論文の中では，「何が新しくて何が既知か，何が自分の考えで何が他者の考えか，また，それらが相互にどう関係するか」を明確にする必要があります（野口・松浦・春田 2015, p. 16）。簡単に言うと，科学論文とは，「先行する研究を踏まえた新しい発見」を書き言葉で発表したものであると言えます。科学論文は，「新規性」や「貢献度」がその質を判断する主要な基準となるため，多くの場合，その分野・領域の精通した（＝何が既知であるか，先行する研究を十分に把握できている）他の研究者数名によって審査（＝査読）されます。この審査の過程で，学術誌に掲載するに値する内容であるかが査読者によってチェックされ，厳密な審査を通過した論文が学術誌に掲載され，公開されることになります。公開された論文は，その後，さらに多くの研究者のところに届き，読んでもらい，価値が認められれば引用されることになります。

論文は事実ではなく主張である

　このように，科学論文は，研究者同士のコミュニケーションのツールとしての機能を果たしつつ，その分野・領域における「知の創造」に貢献していると言えます。

　ここで重要なことは，「論文」＝「事実」ではないという点です。「事実」とは，「常に1つ」であり，「誰が見ても変わらない現象」のことを指します。しかし，上述した論文審査の過程からも分かるように，論文は，あくまで一人の研究者や研究グループが一定のルール（パラダイム paradigm）に従って記述した「主張」であることを忘れてはいけません。論文とは，誰が見ても変わらない普遍的で客観的な事実を書くのだという通説がありますが，これは正しくありません。実際には科学論文においても，記述は言語を使用するので，必ず主観的な恣意性がその中には入り込んでいます（高木 2011）。論文とは「事実」ではなく「主張」です。論文

とは，自分の研究成果の妥当性（＝主張）を読み手が分かるように，読み手が納得するように，十分な根拠を提示することによって，書き手が論証した文章のことです。読み手を説得することが論文の使命であるとも言えます。

　ここでいう「主張」は，著書が自身の研究を，その分野・領域で蓄積されてきた先行研究の中に「位置づける（positioning）」ことでもあります。Hyland（2012）は，科学論文における書き手の論証について，次のように述べています。

> ... academic argument involves presenting a position on things that matter to a discipline and this expression of a point of view has to be accomplished in a context of certain community.

（Hyland 2012, p. 134）

また，Matsuda & Tardy（2007）は，「科学論文における論証は，書き手だけでなく，それを読み手がどう受け取ったかによって決まる "dialogical"（ダイアロジカル：書き手が発信し，読み手がその意味を解釈するという双方向的な意味構築プロセスのこと）な性質を持つ」と述べています。

> Voice is dialogical: It is the reader's impression of the writer's attempt to position her or himself by using a particular combination of discursive and non-discursive features.

（Matsuda & Tardy 2007, p. 239）

同様に，Cutts（2020）も，書き手と読み手の双方向的な意味構築プロセスに着目した上で，「科学論文は書き手（研究実施者）個人の作品であり，読み手が科学論文を読む過程には，書き手の研究者としての能力を評価する過程が含まれる」と述べています。そして，その双方向的プロセスゆえに，「科学論文において一人称の使用を避けるべきという通説には根拠がない」と述べています。

> There is no good reason why personal pronouns should be scrupulously avoided. Readers are aware they are reading about the work of people, and their assessment of the experimental work reported will include an assessment of the personal competence of the scientist. It is artificial to avoid personal references in scientific writing.

（Cutts 2020, p. 76）

　もし，自分の考えや判断を書いたら科学論文ではなくなってしまうのだとすれば，事実を単に報告しただけのもの，つまり調査報告書のようなものだけが科学論文ということになってしまいます。だとすれば，科学論文を書くことにはほとんど意味がなくなってしまいます（戸田山 2002）。論文とは，一定のルールに従って問いを設定し，それらの解答を与えるために書くものです（高木 2011）。論文で認められない主観的記述とは「私」を主語にした文のことではありません。科学論文の客観性とは，どれだけ十分な論拠を伴って自身の主張がなされているかということで，主語に I や We が入っているかどうかいうことは関係がありません。論文で認められない主観的記述とは論拠が示されていない主張のことです。

Key Question 2

「良い論文」とはどのような論文？

良い科学論文とは

　前のセクションで，「論文は事実ではなく主張である」ということを確認しました。しかし，科学論文は，自分たちの主張をただ書けばよい，ただ量産すればよい，というものではありません。いかに並外れて素晴らしい研究成果をあげても，それを読んでくれる相手がいなければ何にもなりません。つまり，査読者の審査を経て，適切な学術誌に採択され，発表にまで漕ぎつけなければなりません。さらに，研究の貢献度（h-index）（Hirsch 2005）が重視されている昨今，発表された後は引用されなければなりません。Schimel（2012）は，研究者としての成功を次のように定義しています。

> Success (as a scientist) is defined not by the number of pages you have in print but their influence. Success, therefore, comes not from writing but from writing effectively.

（Schimel 2012, p. 3）下線は筆者による。

　Schimel（2012）は，研究者としての成功は，出版した論文数ではなく，その「影響力」によって決まり，それ故に，単に書けばいいというわけではなく，「効果的に書く」ということが重要になると述べています。同様に，伊丹（2001）は，良い論文を「創造的論文」と概念化し，次のように定義しています。

> 　創造的論文とは，（中略）「いい研究」が「いい文章」で書かれたもののことである。「いい研究」とは，多くの人にとって意義があると思える原理・原則に，たくみに迫ったものである。そして「いい文章」とは，自分が発見した，あるいは自分が真実と考える原理・原則がなぜ真実と言えるのか，説得的に分かりやすく述べたものである。

（伊丹 2001, p. 2）下線は筆者による。

伊丹（2001）に従えば，「良い研究」，「良い論文」の定義には，それぞれ2つのキーワードがあります。研究の場合は，「意義があると思える」と「たくみに迫る」であり，文章の場合は，「説得的に」と「分かりやすく」です。これらのキーワードは，優れた研究成果をあげたとしても，それを読み手に効果的に伝えられるだけの文章力がなければ，その研究成果は読み手にまで届かない可能性があることを示唆しています。すなわち，「良い論文」とは，「良い研究」と「良い文章」の相互作用により生み出されるもので，どちらも同等のウェイトで非常に重要であると言えます。

　しかし，「研究力」と「文章力」，この2つの能力は別々に発達するもので，良い研究が実施できるようになったからといって，それに比例する形で文章力が向上するわけではありません。また，外国語で書くという行為は，様々な能力（語彙力，文法能力，談話能力，母語での作文能力，論理的思考能力など）が関わる複雑なスキルである（Sasaki & Hirose 1996）ことから，年月とともに自然に上手くなるというものでもありません。にもかかわらず，日本では，作文を「言語技術（コミュニケーションの道具としてのことばの使い方）」として教えるという考え方が浸透しておらず（木下 1994, 1996），正規教育の中で文章の書き方を明示的に教わる機会がほとんどないという報告があります。ここで言う「文章の書き方」とは，考えたことや思ったこと，すなわち思考の内容を他者に分かりやすく伝えるための「言語化の技術」のことです（三浦 2020）。学術的文章における言語化の技術は，日本語によるものについては大学・大学院教育の中で改革が進められているものの（井下 2008, 文部科学省 2019），英語では，いわゆるエッセイライティングの書き方で必修英語科目が終了し，「科学論文」のような，より高度なジャンルについて，大学・大学院の授業の中で体系的な指導を受ける機会はほとんどありません（保田・大井・板津 2014）。このような現状の中，大学院生や若手研究者らが正規授業外の場で入手するいわゆる論文ガイドブックには，「論文には事実のみを書く」や「論文では主観は排除し，一人称の使用は避ける」といった規範が記され，このようなアカデミックディスコースが「権威付けされた規範」として長い時間を経て再生産され，広くアカデミアの世界に浸透しています（松木 2007）。こうした様々な通説が，これらの学習者層にとって論文執筆をさらに難しくしている点は否めません。

　次のセクションでは，科学論文に関する様々な通説は果たして本当なのかを改めて再考しながら，科学論文ではどのような文章が好まれるのかについて整理していくことにしましょう。

Key Question 3

「主観的な文章」と「客観的な文章」の違いとは？

主観的な文章とは

　まず「主観的」とはどういう意味なのか見ていきましょう。「主観」とは，「その人独自の見方や考え方」のことを指します。したがって，「主観的な文章」とは，「書き手が自分自身の見方や考え方を書いた文章」ということになります。例えば，コップに半分の水が入っていたとします。この状況を見て，AさんとBさんが次のような文章を書いたとします。

> Aさん：コップの半分しか水が入っていない。
> Bさん：コップの半分も水が入っている。

これは，コップ半分の水を見て，AさんとBさんがそれぞれ自分の見方や考えを述べた文章です。つまり，AさんとBさんが「主観を述べた文章」ということになります。このように，人が違えば（書き手が違えば），同じ現象を見ても，その見方は異なります。結果的に，現象を描写する文章も変わってくることになります。これが「主観的な文章」ということになります。

客観的な文章とは

　次に「客観的」とはどういう意味なのか見ていきましょう。「客観」とは，特定の立場からある現象を見たり解釈したりするのではなく，「誰にとっても変わらない認識となる見方や考え方」のことを指します。裏付けとなる根拠（先行研究，データ等）を提示し，その根拠に基づいた，つまり，裏付けによって支えられた見解が述べられた文章が「客観的な文章」ということになります。上で，コップ半分の水を見て，Aさんは「水が半分しか入っていない」と述べ，Bさんは「水が半分も入っている」と述べた例を紹介しました。このとき，もし200mlのコップの中に100mlの水が入っていたとすれば，客観的事実を述べることを求められたCさんは次のような文章を書くことになります。

> C さん：コップに半分の水が入っている。

これが「客観的な文章」(誰にとっても変わらない認識となる見方や考え方が書かれた文章)です。

Exercise 3

どの文章が主観的で，どの文章が客観的だと思いますか？ なぜそう思いますか？

---

(1) I do not think that this company cares about their customers' needs.

(2) As Mitt Romney recently noted, about 47 percent of U.S. households do not pay federal income taxes.

(3) This operating system is not the best one because it is too slow for most people's needs.

(4) The company's profits have doubled in the last year thanks to the introduction of their new product.

Key Question 4

「科学論文」は客観的？ 主観的？
どちらの文章が好まれる？

科学論文では，主観的な文章は失格なのか？

　科学論文では，しばしば，主観的な文章はタブーとされ，客観的な文章が推奨されてきました。もう一度，Key Question 3で分析したコップ半分の水についてのAさん，Bさん，Cさんの文章を見てみましょう。

> Aさん：コップの半分しか水が入っていない。
> Bさん：コップの半分も水が入っている。
> Cさん：コップに半分の水が入っている。

伝統的に推奨されてきた科学論文の通説に従えば，客観的な事実を淡々と述べたCさんの文章が科学論文の中ではふさわしく，AさんとBさんのような書き手の解釈が含まれる文章は失格ということになります。

　しかし，科学論文がCさんの文章のように平面的な客観的観察だけになり，AさんやBさんのような主観的な文章が科学論文から完全に排除されるのだとすれば，「科学論文は客観的だから誰が書いても同じ（誰が書いてもCさんのような文章になる）」という極論もある意味正しいということになるかもしれません。

　しかし，科学論文において淡々と客観的な事実のみを伝えるということは本当に可能なのでしょうか？ 実験結果について，「研究者が何を考え，それをどう解釈したか」という主観的情報は本当に不要なのでしょうか？ というよりも，科学論文においてこうした主観的情報を完全に排除することはできるのでしょうか？ これらの問いに対する答えは「NO」です。なぜなら，科学研究自体が「思考と意志を持つ人間による主観的判断」に基づいて実施されているからです。どのようなテーマを選ぶのか，どのような研究方法を選ぶのか，どのような評価項目を選ぶのか，これらの選択は研究者の主観に基づいています。また，科学研究は，「思考と意志を持つ人間」である書き手と読み手の記述（言語）を媒介としたコミュニケーションによっ

て発展していくものであるからです。

　したがって，厳密には，上記のAさん，Bさん，Cさんの3つの文章に優劣の差はないと言えます。3つとも等価値です。重要なことは，この文章（書き手の主張）がどれだけ十分な論拠に支えられているかどうかということです。

科学論文における「主観性」や「主体性」：感想文や意見文との違い

　「科学論文」というジャンルは，裏付けとなる実証データ（実験で得られた数値，アンケートの集計結果，インタビューによる研究参加者の発言等）に基づいて書き手の主張や判断が展開されるという点で，「感想文」や「意見文」（自分の思ったことや感じたことを自由に書くことが許容されるジャンル）とは異なります。2つのジャンルの違いをまとめると次のようになります。

表2　科学論文と感想文の違い

観点	科学論文	感想文・意見文
求められるもの	設定した問いに対する答え	ある題目に対する個人の考え
読み手	同じ研究領域・分野に所属する研究者	先生やクラスメイト（授業の課題の場合）
主張	実証データに基づく書き手の主張	個人の世界観や体験談に基づく書き手の主張

2つのジャンルの違いを概観してみると，科学論文の書き手に「主観性」や「主体性」は不要であるように解釈される読者がおられるかもしれませんが，決してそうではありません。まず，「問いを設定する」という出発点を選ぶこと自体，主観的判断であると言えます。また，研究の進行にともなって，分かれ道に突き当たる度に，どちらの方向へ進むかを決めるのも主観的判断です（Cutts 2020）。もちろん，そのような判断を必要とせず，すべてが客観的判断のみで進んでいく領域があるのかもしれません。しかし，それは「研究」（＝物事の情報を集めて分析し，それを元に考察し，問題解決や新たな知の創造につなげること）というより，むしろ「調査」（＝物事の動向や実態を明らかにするために，調べること）と呼ぶべきものです。「市場調査」や「世論調査」がこの例で，これらは「研究」ではありません。一方，問いを設定しその問いに答えるための実証データを収集し，そのデータを解釈することが求められる「研究」は，決して客観的判断だけで進むものではありません。そこには，常に研究者の「主体性」があり「主

観性」があります。これらは研究者の「個性」といってもよいかもしれません（上村1998）。科学論文は書き手の個性が読み手に感じ取られる時，人としての息づかいが読み手に感じられる時に「面白い」と判断されるのです。コップ半分の水は，先行研究で報告された事例と比較して「半分しかない」なのか「半分もある」なのか，書き手としての解釈を先行研究の中で位置づけること，それを読み手に説得力のある形で伝えることは，科学論文において極めて重要な要素です。実験の結果は，本質的に重要なものと，見かけ上無意味なものとが複雑に絡み合って出てくるものです。それを取捨選択し，「ストーリーとして記述する」のが有能な研究者であり，軽重をつけて「読み手を誘導する」のが優れた書き手です（Surridge 2019）。この方法に研究者・書き手としての個性が発揮されるのです。

　領域によっては，科学論文における書き手の「主観性」や「主体性」また「個性」といったものが要求されない場合もあるかもしれません。平坦な記述でも，実験結果が分かればよいという見方もあるかもしれません。ここでは，食べられるよう料理してくれていれば，味は気にせず何でも呑み込んでもらえることが期待できます。しかし，優れた料理人は，単に食べてもらうことだけではなく「味わってもらう」ことを目指します。同じことが研究成果を伝えようとする科学論文の書き手にも言えるはずです。

　本書の「基本編」と「発展編」では，優れた書き手がどのように科学論文をストーリーとして記述し，どのようにメリハリをつけて読み手を誘導するかを学んでいきます。

Key Question 5

科学論文を「どのように書くべきか」という《縛り》は，誰が，どのようにして決めているのか？

　前のセクションの表2で，感想文や意見文の主な読み手は，授業を担当する先生やクラスメイトである一方で，科学論文の主な読み手は「同じ研究領域・分野に所属する研究者」であると説明しました。このことは，科学論文というジャンルが，知識 (knowledge) と権威 (authority) の複合的な相互作用によって実現する特殊なジャンルであることを示しています (Foucault 1980)。より正確には，科学論文の価値には，学会，著者，知識，ディスコースの4つの領域間の相互作用が関わってくる，と言えます (松木 2007)。学会は，提出された論文に権威を与えますが，論文の内容が「どのように語られるべきか」ということを定めたいわゆる投稿規定は，こうした権威の構築を支える基盤となっています。また，投稿規定に基づく承認システムを通して，論文の書き手は学会から「著者」として権威づけされます。そして，権威づけされた論文とその書き手である著者は，その分野・領域の知識の一部として位置づけられ，第三者によって引用され，引用が増えるごとに，その権威はさらに確実で強固なものになっていきます。そして，さらに，重要なことには，権威づけは，論文の中で述べられる知識だけにとどまらず，その知識が「どのように語られるか」，その伝え方やディスコースにも権威が与えられるのです。「論理的」な語られ方なのか，「客観的」な語られ方なのか，「書き手の主観が排除された」語られ方なのか，「ナラティブなのかアーギュメントなのか」―知識の語られ方そのものにも権威が与えられることになります。用語の選択，論証のためのレトリック，参考文献リストの様式，図や表をめぐる視覚的なテクスト上のフォーマット，句読点の打ち方まで，知識が「どのように語られるか」について投稿規定はすみずみまで制約を与えます。

Exercise 4

下記は，学術誌 *Nature Physics* で定められた投稿規定です。あなたがこれから *Nature Physics* に論文を投稿するとしたら，「書き方」についてあなたが守らなければならない制約はどのようなことですか？ (1) 本文中の言語，(2) 図のタイトル，(3) 参考文献の書き方の観点から，制約のポイントを日本語でまとめてください。

表3 *Nature Physics* の投稿規定

Language	Papers submitted to *Nature Physics* should be accessible to non-specialists; you should ensure that your findings are communicated clearly. Although a shared basic knowledge of physics may be assumed, please bear in mind that the language and concepts that are standard in one subfield may be unfamiliar to colleagues working in another area. Thus, technical jargon should be avoided as far as possible and clearly explained where its use is unavoidable. Abbreviations should be kept to a minimum and should be defined at their first occurrence. The background, rationale and main conclusions of the study should be clearly explained. Titles and abstracts in particular should be written in language that will be readily intelligible to any scientists.
Figures	Figures should be numbered separately with Arabic numerals in the order of occurrence in the text of the manuscript. One- or two-column format figures are preferred. When appropriate, figures should include error bars. Figures divided into parts should be labelled with a lower-case bold **a**, **b**, and so on, in the same type size as used elsewhere in the figure. Lettering in figures should be in lower-case type, with only the first letter of each label capitalized. Unnecessary figures should be avoided: data presented in small tables or histograms, for instance, can generally be stated briefly in the text instead.
References	References are numbered sequentially as they appear in the text, tables and figure legends. Only one publication is given for each number. Only papers that have been published or accepted by a named publication or recognized preprint server should be in the numbered list. *Nature Physics* uses standard Nature referencing style. All authors should be included in reference lists unless there are more than five, in which case only the first author should be given, followed by 'et al.'. Authors should be listed last name first, followed by a comma and initials (followed by full stops) of given names. Article titles should be in Roman text, the first word of the title should be capitalized and the title written exactly as it appears in the work cited, ending with a full stop. Book titles should be given in italics and all words in the title should have initial capitals. Journal names are italicized and abbreviated (with full stops) according to common usage. Volume numbers and the subsequent comma appear in bold.

Nature Physics 投稿規定 (Springer Nature より許可を得て転載)
https://www.nature.com/nphys/for-authors/preparing-your-submission 下線は筆者による。

Nature Physics に投稿する際に書き手が守らなければならない制約を日本語でまとめてください。

(1) 本文中の言語	
(2) 図のタイトル	
(3) 参考文献の書き方	

Exercise 5

Nature Physics の投稿規定に従うならば，AとBのどちらが「権威づけられた正しい書き方」でしょうか？

本文中の言語　（　　　　　）

A	As an artificial atom is attached to an superconductor, a YSR state forms at the quantum dot and its surrounding in the superconductor. Despite the relatively large, 200 nanometer width of the superconductor, the YSR state was observed by the tunnel probe.
B	As an artificial atom is attached to an superconductor, a Yu-Shiba-Rusinov (YSR) state forms at the quantum dot and its surrounding in the superconductor. Despite the relatively large, 200 nanometer width of the superconductor, the YSR state was observed by the tunnel probe.

図のタイトル　（　　　　　）

A	**Figure 1 | Rashba effect versus Zeeman effect. a,** Schematics representing in-plane Rashba-type spin polarization. **b,** The electronic band structure of bulk 2H–WSe.
B	**Figure 1 | Rashba effect versus Zeeman effect**. A, Schematics representing in-plane Rashba-type spin polarization. B, The electronic band structure of bulk 2H–WSe.

参考文献の書き方：論文　（　　　　）

A	Eigler, D. M. & Schweizer, E. K. Positioning Single Atoms with a Scanning Tunnelling Microscope. *Nature* 344, 524–526 (1990).
B	Eigler, D. M. & Schweizer, E. K. Positioning single atoms with a scanning tunnelling microscope. *Nature* **344**, 524–526 (1990).

参考文献の書き方：本　（　　　　）

A	Jones, R. A. L. *Soft Machines: Nanotechnology and Life* (Oxford Univ. Press, Oxford, 2004).
B	Jones, R. A. L. Soft machines: nanotechnology and life (Oxford Univ. Press, Oxford, 2004).

　このように，「どのように書くべきなのか」という規範は，「科学論文」いう実践を媒介し，書き手である当事者も，また，多くの場合，論文指導をする教員も，この規範を疑うことなく受け入れ，書き手が守るべきルールとしてその意味を再生産しています。「論文は客観的に書く」や「一人称の使用は避ける」といったアカデミックライティングの通説は，こうした権威づけのプロセスの再生産により，長い時間を経て現在まで伝わってきたものであると言えるかもしれません。

　それでは，科学論文を「どのように書くべきか」についての規範は，いつ，どのようにして生まれてきたものなのでしょうか。歴史的・通時的な観点から見ていくことにしましょう。

第 2 章

「客観的に書く」という通説は
どのようにして生まれたのか

17世紀のRoyal Societyで推奨された文章から
現代の科学論文まで

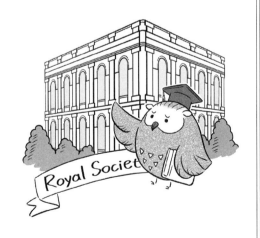

Royal Society

Key Question 6

「科学論文は客観的に」という通説は
いつ，どのようにして生まれたのか？

アカデミックディスコースの潮流の変化：17 世紀から現代まで

　「科学論文は客観的に」を始めとするアカデミックディスコースに関する様々な通説は，いつ，どのようにして生まれたものなのでしょうか？ これらの規範の形成は，歴史を振り返ると，17 世紀にまでさかのぼると言われています。

　Atkinson (1999) は「実験報告」というジャンルに焦点を当て，書き手が選択する言語パターン（一人称代名詞，二人称代名詞，態など）が，17 世紀から 19 世紀にかけてどのように変化したかを分析しました。Atkinson による通時的ジャンル分析の結果，17 世紀初期においては「一人称代名詞（I や We）」で始まる能動態の文章の頻度が高く，「書き手中心 (ego-centric)」の「ナラティブ (narrative)」型ディスコースが主流であったのに対し，18 世紀後半からは，受動態が好まれるようになり，「対象中心 (object-centered)」の「非ナラティブ (non-narrative)」型ディスコースへと変化していったことが分かりました。長い歴史の中で，何がこうしたディスコースの潮流の変化 (the philosophical transactions) を引き起こしたのでしょうか？ その当時の学会が「書き手中心 (ego-centric)」のディスコースから「対象中心 (object-centered)」のディスコースの方に権威を与えるようになった理由として，どのようなことがあったのでしょうか？

　言語をめぐる体系的価値観（どのような語られ方が好まれるか）は，コミュニケーション行為だけでなく，政治，経済を始めとする様々な社会的・文化的領域と深く関わっています。次のセクションでは，科学論文において客観的な文章が好まれるようになった社会的・文化的要因を見ていくことにしましょう。

科学研究の歴史：紳士のたしなみから科学のプロへ

　科学論文において「どのような語られ方が好まれるか」という問題は，その時代における科学研究そのものの定義や位置づけと密接に関わっています。「科学」という言葉を広くとれば，古代文明の成立期，あるいはそれ以前から存在していました。例えば，天文学や幾何学は古代にすでに体系化されています。しかし，現在の科学に直接つながるのは，ガリレオやニュート

ンらによる17世紀の「科学革命」以降です。科学方法論や自然観，自然の支配の理念などの現代自然科学の基本的な思想が確立したのはこの時代以降のことです。それまで，科学研究の担い手は別の仕事で生計を立てていたと言われています。例えば，微積分法を開発したライプニッツは政治家・外交官であり，血液循環を発見したハーヴェイは王室の侍医でした。つまり，学問や理論は特権階級のものであり（高木 2011），科学研究は貴族の趣味，紳士のたしなみだったのです（戸田山 2013）。この時代に好まれた論文のディスコースは，論理性や客観性というよりも，「上流階級を表す品格さ（genteel-based credibility）」であったと言われています（Atkinson 1999）。そこでは，書き手の「主体性」の表現が不可欠であり，それが，「書き手中心（ego-centric）」のディスコースの潮流へとつながっていきました。

　ところが，17世紀の科学革命以降，それまで貴族や紳士によって，国家とは独立した形で行われてきた科学研究が，「科学のプロ」によって行われるようになります。1794年に総合技術学校「エコール・ポリテクニク」が設立され，基礎科学を技術へ応用することに力点が置かれるようになります。その後，各国にエコール・ポリテクニクをモデルにした技術教育学校が設置され，科学，技術，高等教育，国家が結びつくことになりました（戸田山 2013）。その結果，科学を本業とする研究者が次々と現れ，イギリスでは，こうした職業的科学者は，1831年に英国科学振興協会(BAAS)という団体を設立し，研究活動を行っていました。英語の「scientist」という言葉が誕生したのは，ちょうどこの時期だったと言われています。それまでは「scientist」という言葉自体がなかったため，BAASの会合に出席する人々を総称する名前が必要になりました。そこで，1834年，哲学者のウィリアム・ヒューウェル（William Whewell）は「artist」からの連想で「scientist」という新語を作ったと言われています（村上 1996）。

　科学研究が，貴族や紳士によるたしなみから，科学のプロによって行われるようになった17世紀から18世紀にかけて，科学論文の語られ方の潮流にも変化が現れます。当時，啓蒙思想が主流であった英国では，聖書や神学といった従来の権威を離れ，合理性に基づく知によって自然界の物質，物体，現象をいかに正確に表象するかという問題が科学者の関心になっていきました。当時の科学者が目指した知識とは「実証主義（positivism）」です。そこでは，観察や実験を通して発見される自然界を正確に読み手に伝えるには，古典語に象徴されるような大げさなスタイルを拒絶し，「本来の純粋性と簡潔性（the primitive purity and shortness）」に立ち返ることが必要でした（松木 2007）。このような思想的背景が，科学論文における「対象中心（object-centered）」・「非ナラティブ（non-narrative）」型ディスコースへの潮流の変化を誘導する起因となったことが考えられます。

プレーンスタイル（Plain Style）の推奨

　大げさなスタイルを拒絶し，純粋性と簡潔性を強調するディスコースは，当時，プレーンスタイル（plain style）」と呼ばれ，ロンドン王立協会（Royal Society of London, 1660年に設立

された英国を代表する科学アカデミー）によって権威づけられたものでした。例えば，ロンドン王立協会が正式に発足してから7年後の1667年，創立7周年を記念して出版されたトーマス・スプラット（Thomas Sprat）による *History of the Royal Society* においても，純粋性や簡潔性への志向が反映されています。

> They (the members) have therefore been most rigorous in putting in execution, the only Remedy, that can be found for this extravagance: and that has been, a constant resolution, to reject all the amplifications, digressions, and swellings of style: to return back to the primitive purity, and shortness, when men delivered so many things, almost in an equal number of words. They have exacted from all their members, a close, naked, natural way of speaking; positive expressions, clear senses; a native easiness; bringing all things as near the mathematical plainness as they can: and preferring the language of artisans, countrymen, and merchants, before that of wits, or scholars.

（Cited in Choudhury 2019, p. 142）下線は筆者による。

　スプラットによれば，プレーンスタイルとは "amplifications"（強調），"digressions"（脱線），"swellings"（誇張）を拒絶するものであり，"clear"（明確）で "naked"（飾りがなく），"natural"（自然）な語られ方で特徴づけられるものであり，できる限り，"mathematical plainness"（数学的な平明さ）で語られるものであり，学者というよりも職人や商人のような一般市民が好むような言葉遣いでした。伝統的な科学の領域には，職人や商人のような層は所属していませんでしたが，プレーンスタイルは，こうした層の言語ともなりました。つまり，プレーンスタイルは，知識と勃興する産業や社会との効率的な繋がりに価値を置くスタイルだったと言えます（松木 2013）。

　書き手による強調や誇張や曖昧さなどの修辞技法を不要なものとして取り除き，純粋性，簡潔性，平明性を推奨するプレーンスタイルは，科学革命以前に好まれたナラティブの対極に位置づけられた科学論文の文体の価値を具現化するものであったと言えます。それでは，当時，なぜプレーンスタイルが科学論文の文体の規範となったのでしょうか？ それは，当時の啓蒙思想や科学者が目指した実証主義的知識と関係があります。合理性に基づく知によって自然界の物質，物体，現象を正確に表象するには，書き手である人間の存在を消す必要がありました。つまり，観察者である人間と目の前に見えている物体や現象を切り離す必要があったということです。これについて Trimbur（1990）は次のように述べています。

Once the observer is detached from the object by granting the object a phenomenal existence outside of human appreciation (beyond the "grasp" of the mind), the observer can then see the object and record it ("form and image") without recourse to figurative language. In other words, statements about objects are no longer necessary to enable observation.

(Trimbur 1990, p. 78)　下線は筆者による。

　Trimbur（1990）によると，当時，ロンドン王立協会がプレーンスタイルを推奨した背景には，目の前に見えている物体や現象を "outside of human appreciation（beyond the "grasp" of the mind）"（人間の理解や解釈の枠組みの外）に置くことによって初めて，人間は客観的にその物体や現象を見ることができ，"without recourse to figurative language"（比喩的な表現に頼らずに）描写ができる，という考え方があったことが分かります。科学論文に必要なものは物体や現象の観察そのものであり，物体や現象についての人間によるコメントはもはや必要なかった，ということです。

　同様に，17 世紀から 18 世紀にかけて推奨された「書き手の存在を消す」プレーンスタイルについて，Foucault（1972）も次のように述べています。

In the 17th and 18th centuries, a totally new conception was developed when scientific texts were accepted on their own merits and positioned within an autonomous and coherent conceptual scheme of established truths and methods of verification. Authentification no longer required reference to the individual who had produced them; the role of the author disappeared as an index of truthfulness.

(Foucault 1972, p. 126)　下線は筆者による。

　Foucault（1972）によれば，17 世紀から 18 世紀にかけての科学論文では，"Authentification"（本物・真正であること）を伝えるには，"no longer required reference to the individual who had produced them" とあるように，それを生み出した個人に言及する必要はなかった，ということです。その結果，真実であることを伝えるための指標としての著者の役割は消えることになったのです。このように，観察の対象と書き手である著者を切り離すこと（the divorce of the author）は，その当時の科学論文における修辞的ストラテジーでもありました。「いかに書き手の存在を見えなくするか」が 17 世紀から 18 世紀にかけての科学論文の質を決める基準となっていた，と Foucault は述べています。

　書き手の存在を見えなくし，強調や誇張などのメタフォリックな表現を排除することで純粋性，簡潔性，平明性を高めることを目指すプレーンスタイル。このプレーンスタイルという文体が，ロンドン王立協会によって権威づけられていたという点は極めて重要です。英国最大の

科学アカデミーによって権威づけられたプレーンスタイルに忠実に従って文章を書くことは，書き手が「ロンドン王立協会の一員であること」を世に示すことができました。言い換えれば，ロンドン王立協会は，文体への権威づけだけでなく，構成員に対しても権威を与えていたのです。そして，その結果，ロンドン王立協会の権威が益々強くなるという相互作用が成立していたのです。このような相互作用を通して，プレーンスタイルは「普遍的なディスコース」として益々世に浸透していくことになりました。

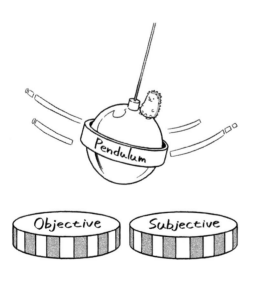

Key Question 7

17世紀，印刷技術の普及が，プレーンな文章 （明瞭・簡潔・平明な文章）の必要性を 益々高めたのはなぜか？

印刷術の普及とプレーンスタイル

　17世紀の活版印刷術の普及は，ヨーロッパ社会とその文化に多大な影響を及ぼしました。特に，近代科学の成立（科学革命）に寄与した印刷革命の役割は計り知れません。印刷術の登場は，それまでの書写や暗記にかかる労力から科学者を解放しただけでなく，「新たな知の創造のスペース（a new discursive space）」として，精選された科学的知識を蓄積し，世に広めていくことを可能にしました。この点で，印刷術は科学研究のスポンサーとしての役割を果たしていたと言えます（Eisenstein 1985）。実際，コペルニクスの天文学についての研究成果が普及したのは，印刷術によって，『天球の回転について』の書籍の出版が可能になったからだと言われています。観測の成果や理論を印刷して，それまでに知られていなかった新たな知を共有していくことは，天文学の発展において計り知れない意義がありました。

　このように，印刷術は，それまで科学研究とは無縁だった階級の人々を含む不特定多数のオーディエンスが科学的知識にアクセスすることを可能にしました。このオーディエンスの中には，科学者だけでなく，職人や商人のような一般市民も含まれていました。したがって，科学研究の成果は，不特定多数の読み手を想定し，誰にとっても分かりやすい，誰にとっても明快な文体が必要とされました。読み手側の社会的地位，階級，エスニシティ，ジェンダー，文化的アイデンティティなどのコンテクストを前提としない，誰にとっても同じ意味になるような「脱コンテクスト化された文体（decontextualized texts）」が必要とされたのです（Eisenstein 1985）。書き手の存在を消し，大げさな誇張や曖昧表現を取り除いた純粋性，簡潔性，平明性を特徴とするプレーンスタイルが好まれたのは，不特定多数の読み手のニーズを配慮した結果であったと言えます。

　ここまで，「科学論文は客観的に」という通説が，いつ，どのようにして生まれたのかについて，歴史的・通時的な観点から概観してきました。そして，この通説のルーツは，17世紀，イギリスの科学的真実の表象の手段として推奨された「プレーンスタイル」にまでさかのぼることが分かりました。誇張や強調や脱線，曖昧さなどの余剰性が排除された「プレーンスタイル」

では，書き手の存在をできる限り消し，「対象中心（object-centered）」の「非ナラティブ（non-narrative）」型の語りが求められました。読み手の社会的地位や職業などのコンテクストに影響を受けない，誰にとっても同じ意味になるような「脱コンテクスト化されたテクスト」が理想とされたのです。そして，このプレーンスタイルへの志向には，科学アカデミーとしての権威であったロンドン王立協会が推奨する規範としての力学が作用していました。

　科学研究が「どのように語られるべきか」，「どのような言語をコミュニケーションの手段とするべきか」といった問題が，社会的な制度やイデオロギーと連動していたことは，私たちが無意識にそして暗黙の認識として持っている書き方の規範のルーツを探る上で，非常に重要です。17世紀のロンドン王立協会の規範をルーツとするこの通説は，今日の21世紀においても，論文の書き方に対する私たちの考え方の形成—暗黙の認識の形成—にも少なからず影響を及ぼしている可能性が高いからです。

第3章

「客観的な文章」から
「主体性のある文章」への
パラダイムシフト

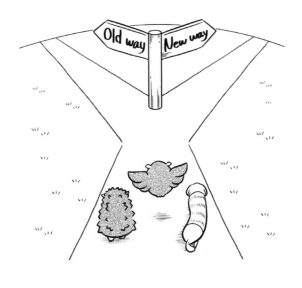

> ## Key Question 8
>
> 書き手の存在が見えない，「対象中心 (object-centered)」の
> プレーンスタイルの文章は現在の科学論文でも好まれる？

受動態のススメは古いしきたり？

　前のセクションでは，17〜18世紀の科学論文では，書き手の存在が見えない，「対象中心 (object-centered)」の「非ナラティブ (non-narrative)」型の語り，いわゆる「プレーンスタイル」が科学アカデミーにより権威づけられていたことを説明しました。Atkinson (1999) によれば，ロンドン王立協会の協会誌である *Philosophical Transactions* では，19世紀に入ってからも「非人称性 (impersonality)」を特徴とするプレーンスタイルが主流であったとのことです。

　それでは，この「プレーンスタイル」は，21世紀現在の科学論文でも，権威を与えられた文体として書き手に推奨されているのでしょうか？

Exercise 6

プレーンスタイルという規範に従えば，どちらの文体が好ましいでしょうか。
1. (　　　　)

A	The problem of blood flow was investigated...
B	We investigated the problem of blood flow...

2. (　　　　)

A	The structure of GH.RX is X.
B	We suggest that the structure of GH.RX might be X.

　プレーンスタイルの制約に従うならば，1は，書き手の存在が見えない「対象中心」のAの文が好ましいということになります。Bは，We investigated... というように，書き手の存在Weが明示的に示されているからです。同様に，2も，書き手の存在が見えず，加えて，曖昧

性も排除されたAの文が好ましいということになります。Bは書き手の存在がWe suggest... として示されていることに加えて，mightを使うことで断定度が弱められている（曖昧性がある）ことがその理由です。

　しかしながら，厳密には，前後の文がない状態で（コンテクストが分からない状態で，この箇所での書き手の意図が分からない状態で）この一文を見るだけでは，2つの文に優劣をつけることはできません。状況によっては，科学論文でも，Bの方が好ましい場合があるかもしれません。この「状況」とは，書き手が読み手に向けて「主体性」や書き手としての「責任」を示す必要がある状況を指します。

　繰り返しになりますが，「論文」＝「事実」ではありません。「論文」とは「主張」です。論文では誰が見ても変わらない普遍的で客観的な事実を書くのだという通説がありますが，これは正しくありません。論文とは，自分の研究成果の妥当性（＝主張）を読み手が分かるように，読み手が納得するように，十分な根拠を提示することによって，書き手が論証した文章のことです。この科学論文の目的を達成するためには，前出のExerciseのB（書き手中心）の文章の方がA（対象中心）よりも相応しい場合があるはずです。実際のところ，学術誌*Nature*や*Science*では，最新の投稿規定で，「書き手の主体性と責任を読み手に明確に伝えるためには能動態が好ましい」と明示的に指示しています（次ページの表4）。これについては後で詳しく説明します。

　21世紀のコンポジション研究では，書くという行為は「社会的な行為（writing as social acts）」として位置づけられるようになっています（Hyland 2004; Tardy 2009; Yasuda 2011）。書くという行為は，常に，ある「状況」の中で，ある特定の「読み手」に向けて，ある特定の「目的」を達成するために行われています。書き手は常に，この「社会的コンテクスト」に最も相応しい言葉遣いや文体を選択しながら文章を書いています。そして，書かれた文章の意味は，書き手と読み手との記述（言語）を媒介としたコミュニケーションを通して社会的に形成されます。文章の意味は固定化された静的なものとしてそこに存在しているのではありません（Tardy & Matsuda 2009）。内容の「明確さ（clarity）」とは，読み手にとっての明確さであり，想定する読み手が変われば，明確さを実現する方法は変わるはずです。この考え方は，あらゆるジャンルに適用されるもので，科学論文も例外ではありません。

　Halloran & Whitburn（1982）は，今日の科学論文が前提としている機械的で数学的なコミュニケーション観を批判していますが，その中でも，多くの分野・領域で推奨されている「非人称性（impersonality）」は，現在の科学ディスコースにおける最も深刻な問題の1つであると述べています。

> ... we reject impersonality as a stylistic ideal. ... the assumptions that led to both scientific method and the modern plain style have had a profoundly negative impact on communications today.

(Halloran & Whitburn 1982, p. 67)

　こうしたコンポジション研究の潮流の変化を受け，実際のところ，「一人称は避ける」という固定的で静的なルールは「古いしきたり」となりつつあり，最新のコンポジション研究では，書き手の「個性」や「主体性」，あるいは「責任」を明示的に示すことが推奨されるようになっています。

　実際，21世紀現在の国際ジャーナルの投稿規定にも，このような潮流の変化が反映されています。表4は，国際的認知度の高いジャーナルの投稿規定からの抜粋で，書き手の主体性や責任を示すことがどのように推奨されているかをまとめています。

表4　21世紀型・国際ジャーナルの投稿規定

ジャーナル名	書き手の主体性を推奨する文
Behavioral Ecology	The text should be clear, readable, and concise. The first-person active voice is preferable to the impersonal passive voice.[1]
British Medical Journal	Write in the active voice. For example, "you can gain unique experience" instead of "unique experience is gained".[2]
Nature	Nature journals like authors to write in the active voice ("we performed the experiment...") as experience has shown that readers find concepts and results to be conveyed more clearly if written directly.[3]
Ophthalmology	When writing the manuscript, use the active voice whenever possible.[4]
Science	Use active voice when suitable, particularly when necessary for correct syntax (e.g., 'To address this possibility, we constructed a lZap library...,' not 'To address this possibility, a lZap library was constructed...').[5]

The Journal of Neuroscience	Overuse of the passive voice is a common problem in writing. Although the passive has its place—for example, in the Methods section—in many instances it makes the manuscript dull by failing to identify the author's role in the research.... Use direct, active-voice sentences.[6]
The Journal of Trauma and Dissociation	Use the active voice whenever possible: We will ask authors that rely heavily on use of the passive voice to re-write manuscripts in the active voice.[7]
Wiley-Blackwell journals	The tendency to present scientific text in the passive voice is fading. Most Wiley-Blackwell journals and readers now accept use of the active voice. Unless the journal has a strict requirement for the active or passive voice, follow the authors' preference, as long as this is consistent within the manuscript. Be wary of the passive voice in the Discussion, as it can sometimes be unclear whether the authors are talking about their own work or that of other people.[8]

1. Instructions to authors. *Behavioral Ecology*. Retrieved February 3, 2020, from https://academic.oup.com/beheco/pages/information_for_authors

2. The BMJ author brochure. *The BMH*. Retrieved May 12, 2010, from https://www.bmj.com/about-bmj/resources-authors

3. Writing for a Nature Journal. *Nature Research*. Retrieved December 2019, from https://www.nature.com/nature-research/for-authors/write

4. Guide for authors. *Ophthalmology*. Retrieved June 20, 2021, from https://www.aaojournal.org/content/authorinfo

5. Instructions for preparing an initial manuscript. *Science. Retrieved* May 12, 2010, from https://www.sciencemag.org/authors/instructions-preparing-initial-manuscript

6. Information for authors. *The Journal of Neuroscience*. Retrieved February 10, 2010, from https://www.jneurosci.org/content/information-authors#preparing_a_manuscript

7. Instruction for authors. *Journal of Trauma and Dissociation*. Retrieved February 10, 2010, from https://www.tandfonline.com/action/authorSubmission?show=instructions&journalCode=wjtd20

8. Wiley-Blackwell House Style Guide. *Wiley-Blackwell*. Retrieved March 15, 2020, from https://authorservices.wiley.com/asset/photos/House_style_guide_ROW4520101451415.pdf

　表4に示された主要国際ジャーナルの投稿規定を見ると，分野の違いを超えて多くの学術コミュニティで，「能動態」が奨励されるようになってきていることが分かります。その理由も明記している学術誌があります。例えば，*Ophthalmology*は，「受動態では，論文で述べられた観察や意見や結論に対する書き手の直接的な責任を読み手に伝えることができず，責任回避的になるから」という理由を挙げています。*The Journal of Neuroscience*は，「受動態では，研究における「著者の役割」が明確に伝わらず，結果的に論文の趣旨自体がぼやけてしまう恐れがあるから」と指摘しています。同様に，*Wiley-Blackwell*も，「受動態は，書き手としての主体性」が不明瞭になり（誰がそれをしたのか，誰がそう考えるのかがぼやけてしまう），書き手が自分自身の研究成果について語っているのか，他者の研究成果について語っているのかについての判別を困難にするから」と述べています。

　科学論文は，自分の研究の価値を読み手に伝えるために，自分の研究がどのような学術的・社会的貢献をするのかを説得的に論じるジャンルです。科学論文は，「研究者同士のコミュニケーションの手段」としての役割を担っているのです。したがって，ジャーナルの読み手に向けて，「著者としての役割」や「著者としての責任」を明確にすることは，研究成果の重要性を伝える上で極めて重要な要素になります。表4に記載した*Wiley-Blackwell*の投稿規定で，「科学論文を受動態で書くという傾向はもはや廃れてきている（The tendency to present scientific text in the passive voice is fading.）」というように，文体のパラダイムシフトが明示的に述べられている点は注目に値します。保田（2021）による学術論文の通時的文体調査では，1970年から2020年の50年間の間に，書き手の主体性を示す一人称の使用が顕著に増加していることを報告しています。具体的には，10,000語での調整頻度が工学では22語から53語（*log likelihood* = 236.06, *p* < 0.001, *odds ratio* = 0.42），生物学では7語から20語（*log likelihood* = 189.69, *p* < 0.001, *odds ratio* = 0.33），社会学では23語から38語（*log likelihood* = 112.90, *p* < 0.001, *odds ratio* = 0.58），応用言語学では22語から32語（*log likelihood* = 32.20, *p* < 0.001, *odds ratio* = 0.67）と，いずれの分野においても実質的に意味のある差が確認され，この差は特に自然科学系の工学と生物学で顕著であることが分かりました。この結果からも，21世紀のアカデミックディスコースは，「対象中心（object-centered）」というよりはむしろ書き手としての主体性を明示的に示す「書き手中心（author-centered）」へとシフトしてきていることがわかります。

Key Question 9

受動態から能動態へのパラダイムシフトは，
英語の論文だけで言えること？
日本語で論文を書く場合は？

書き手としての責任と主体性の表明：日本語で書く時にも

　読者の皆さんの中に，もし，「科学論文では，IやWeの使用は避ける」という通説を信じておられる方がいたら，その縛りから離れてみることを奨めます。実は，この通説の影響からか，日本人が書く文章は，母語においても受け身文の頻度が非常に高いことが報告されています。例えば，木下（1981）は，次のような受動態の文が，書くものだけでなく，講演などの話し言葉においても使われる傾向があると述べています。

・「使用される下地は薄く劈開された雲母です。」
・「次のようにしてサルの四股を固定して観察する実験がおこなわれました。」
・「実測された光起電力は○○ボルトでした。」
・「…という点に興味が持たれます。」

（木下 1981, p. 140）

これらの受け身文について，木下（1981）は「日本語の文は受動態で書くとひねくれて読みにくくなる」（p. 138）と指摘した上で，「片はじから書き直させ，受身征伐につとめている」（p. 139）と述べています。下記が，木下（1981）が提案する「書き手の主体性」が表現された分かりやすい文章です。

・「下地には薄く劈開した雲母を使いました。」
・「…固定して観察する実験をおこないました。」
・「光起電力の実測値は○○ボルトでした。」
・「…という点に興味があります。」

（木下 1981, p. 141）

このように能動態で書くことで，読みやすくなるばかりでなく，「誰がそれをしたのか」，「誰がそう考えるのか」が明確になります。日本語では主語が省かれることが多いため，上記の能動態の文には，「私」は明記されていませんが，それでも能動態に書き換えたことで，主体が「私」であることは明白です。

Exercise 7

次の日本語の文を，「書き手の主体性」が見えるように書き直してみてください。

> これでエタノールが恒温性動物によって分解され，有効なエネルギー源であることは認められるが，それならば，次の問題が想起される。「エタノールの化学的潜在エネルギーは如何に利用されるか」。

(木下 1981, p. 138)

↓

Key Question 10

書き手としての主体性を読み手に伝えるためには，「態」(受動態・能動態) だけに気をつければいいのか？他に気をつけるべきことは？

ただ能動態にすればよいというわけではない

　前のセクションでは，近年は，書き手としての「主体性」や書かれた内容に対する書き手としての「責任」を読み手に伝えるために，能動態の使用を推奨する学術コミュニティが増えているという話をしました。しかし，このことは，ただやみくもに文章を能動態で書けばよいという意味ではありません。上述した内容の繰り返しになりますが，受動態・能動態，あるいは，客観的・主観的という2つの価値の間に優劣の差はありません。重要なことは，社会的コンテクスト（どんな状況で・どんな目的で・どんな読み手に向けて文章を書いているのか）に応じて，社会的に適切な文体を選択するということです。例えば，下記のExercise の2つの文章を比べてみてください。あなたがこの文章の読み手であれば，AとBのどちらの文がそれぞれのコンテクストに合っていると思いますか。

Exercise 8

読み手として，AとBのどちらの文がコンテクストに合っていると思いますか。
（　　　）

A	Previous studies have established that drug X increases the serum levels of calcium in women with osteoporosis. In this study, the effects of drug X on the serum levels of phosphorus in post-menopausal women were investigated.
B	Previous studies have established that drug X increases the serum levels of calcium in women with osteoporosis. In this study, we investigated the effects of drug X on the serum levels of phosphorus in post-menopausal women.

Exercise 9

読み手として，AとBのどちらの文がコンテクストに合っていると思いますか。
（　　　）

A	In urinary catheterization, <u>a catheter (hollow tube) is inserted into</u> the bladder to drain or collect urine. There are two main types of urinary catheterization: indwelling catheterization and clean intermittent catheterization.
B	In urinary catheterization, <u>we insert a catheter (hollow tube) into</u> the bladder to drain or collect urine. There are two main types of urinary catheterization: indwelling catheterization and clean intermittent catheterization.

　まず，Exercise 8の方は，Bの能動態の文章が自然です。ここでは，先行研究について言及した後，自分自身の研究を導入しています。一文目の先行研究の紹介では，"Previous studies have established..." と能動態を使用しているため，二文目の自分自身の研究についても "In this study, we investigated..." と同じく能動態を使用することで，<u>読み手は心理的にスムーズに先行研究から当該研究へと移行することができます</u>。さらに重要なことには，weを主語に置くことで，<u>先行研究との違いや独自性を読み手に向けて効果的にアピールすることもできます</u>。

　一方，Exercise 9 では，Aの受動態の文章の方がコンテクストに合っています。この文は，"urinary catheterization"（尿道カテーテル法）という外科的診療の手法について述べており，ここでは<u>その手法の行為者よりも，取られた「ステップ」の方が重要になる</u>からです。

　大切なことは，受動態と能動態のどちらを使うかで，読み手に伝えたいことがより明確になるかを考えることです。「明確さ」とは，読み手にとっての明確さであることを忘れてはいけません（Clarity must always be clarity for someone）。<u>ターゲットにしている読み手がどのような情報を求めているかを考え</u>，受動態と能動態のどちらであっても文章がより明快で分かりやすくなる方を選択してください。

客観的な文章から主体的な文章へ：効果的に読み手を導くために

　書き手としての「主体性」や書かれた内容に対する書き手としての「責任」を読み手に伝えることの重要性—これが「21世紀型の科学論文」を書く際の出発点であることを説明してきました。この書き手としての「主体性」や「責任」は，昨今のコンポジション研究では "voice"（ヴォイス），または "authorial voice"（著者としてのヴォイス）という表現で概念化されており，2000年以降，北米を中心に，その表現方法から指導方法に至るまで幅広い観点から研究

が行われています。書き手のvoiceは，科学論文において，様々な言語的選択あるいは文体で具現化されます。例えば，Fløttum（2012）やYang, Zheng, & Ge（2015）らの研究では，伝達動詞（reporting verbs）の使い方・選び方の中に書き手のvoiceが反映されていることを報告しています。

Exercise 10

次の文の下線部「一人称代名詞（I）＋伝達動詞（reporting verbs）」の中には，書き手のどのようなvoiceが表現されているでしょうか。右の選択肢から選んでください。

	伝達動詞の使い方	書き手の voice
（　）	Therefore, <u>I assume</u> zero network costs in the foreign market...	A. 読み手に研究結果の要点を分かりやすく伝えたい（Writer/Reader-Guide）。
（　）	<u>I summarize</u> this result in the following proposition...	B. 読み手に自分の主張を納得してもらいたい（Arguer）。
（　）	<u>I argue</u> that the strongest hypothesis is one which maintains...	C. 読み手に研究者としての前提や仮説を伝えたい（Researcher）。

(Fløttum 2012)

Exercise 11

次の文の下線部「一人称代名詞（I）＋伝達動詞（reporting verbs）」の中には，書き手のどのようなvoiceが表現されているでしょうか。AとBの違いを説明してください。

A	<u>We speculate</u> that the efficacy of our steroid exposure regimen...
B	<u>We conclude</u> that these effects are medicated via acceleration of...

(Yang et al. 2015)

このように，伝達動詞の選び方1つで，書き手は自身の立ち位置や，その状況での目的や意図を読み手に伝えることができるのです。

　他にも，様々な表現や文体の中に，書き手のvoiceが反映されています。例えば，自分の研究成果について著者としての見解や解釈を加える場合，断定度をどのくらい強めるか弱めるか，その微妙なニュアンスを伝える際にも書き手としてのvoiceが表現されます。これは，コンポジション研究では，booster（強調表現）とhedge（緩衝表現）という専門用語で広く研究が行

われています。

それぞれの文の中には，書き手のどのような voice が表現されているでしょうか。A と B の違いを説明してください。

A	This difference <u>clearly</u> explains why a congenitally blind person made to see would be thought unable to identify the shapes he sees.
B	This difference <u>might possibly</u> explain why a congenitally blind person made to see would be thought unable to identify the shapes he sees.

(Hyland 2005, p. 108)

　A と B の文は一見似たような構造をしていますが，下線部をよく見ると，"this difference" という研究成果に対して，それぞれの書き手は異なる解釈を加えています。A の書き手は，"clearly"（明確に）を使うことによって，<u>研究成果に対する著者としての確信や自信を読み手に伝えようとしています</u>。一方で，B の書き手は，"might possibly"（おそらく…かもしれない）を使うことにより，<u>研究成果に対する断定度を下げ</u>，<u>継続的な検証が必要であるという書き手としての voice を慎重に読み手に伝えています</u>。さらに，"might possibly" には，同じコミュニティで知の創造に貢献してきた<u>読み手に対する「配慮」や「敬意」</u>の意味も込められています。

　このように一見曖昧に見える hedge 表現は，伝統的なプレーンスタイル型科学論文においては排除されるべきものでした。例えば，1990 年代に刊行された山崎（1995）では，「ぐらい，ほぼ，たぶん，らしいなどのボカシ表現は避ける」（p. 165）ということが「（科学論文執筆の際の）一般的な注意事項」として書かれています。しかし，このボカシなる hedge 表現は，書き手としての立ち位置を慎重に表明しつつ，読み手に対して配慮する談話標識（discourse markers）として重要な役割を担っており，現在の科学論文では，これらの談話標識を適切に使用することが推奨されています（Gross & Chesley 2012; Hyland 2005; Stock & Eik-Nes 2016）。

　このように，書き手としての voice を巧みに表現することによって，自身の研究成果を効果的に読み手に伝えることができるのです。「効果的に読み手に伝える」とは，<u>読み手に対する敬意や配慮を示しつつ，読み手に研究成果を正確に，説得的に伝える</u>，ということです。

　「どのように説得的に伝えるか」，その表現方法の詳細については，第 3 部「発展編」で学ぶこととします。次の第 2 部「基本編」では，「どのように読み手を導くか」という点に着目し，書き手の「主体性」を示す科学論文の構成について学んでいきます。

＊コラム

「どう書くべきか」が法律で規制される?! ──アメリカの法律 "Plain Writing Act of 2010"──

　2010年10月13日，オバマ大統領は，Public Law 111–274，Plain Writing Act of 2010に署名しました。これにより，政府のコミュニケーションのあり方を規定する法律が誕生しました。同法は，「国民が政府によって公示される情報を正確に理解できるよう，全ての文書が平易な言葉（plain language）で書かれなければならない」とするものです。そして，この施行から1年以内の2011年10月13日までに，各省庁は，すべての役人に対して同法の内容を説明し，平易な言葉で文章を書くトレーニングを実施し，国民に向けて，同法をどのように遵守していくのかを平易な言葉で書かれた文章（plain writing）で説明しなければならないとしています（Plain Language Action and Information Network 2010）。アメリカの歴代大統領は，2010年より前にも，大統領令（Executive Order）や覚え書き（Memorandum）を通して，plain writingの重要性を提唱してきました。しかし，オバマ大統領による正式な法律の制定によって，連邦諸機関内外のコミュニケーションのあり方に法的拘束力が働くことになったのです。

　Plain Writing Act of 2010 制定後，2011年3月には，平易な言葉で文書を書くための原則を定めたガイドライン *Federal Plain Language Guidelines* の改訂版が刊行され（最初に刊行されたのは1990年代半ばで数年ごとに改訂），全体の構成から，単語，文章，パラグラフの書き方に至るまで，具体的にどのような表現が好ましく，好ましくないかが具体例とともに明記されることになりました。興味深いのは，ガイドライン全体を通して「読み手を想定して書く」ことが強調されている点です。第一章 "Think about your audience" は，「平易な言葉で書くということは，単に情報を簡略化することではなく，「読み手のために書く」ことである」という説明で始まっています。そして，「読み手のために書く」とは，つまり「読み手のニーズを意識して書く」ことであるという説明が続きます。具体的には，次の点を意識し，読み手をどのように導くかを考えることが重要であると記されています。

- Who is my audience?
- What does my audience already know about the subject?
- What does my audience need to know?
- What questions will my audience have?
- What's the best outcome for my agency? What do I need to say to get this outcome?
- What's the best outcome for our audience? What do I need to say to get this outcome?

(Federal Plain Language Guidelines 2011, p. 2)

　全112頁の同ガイドラインには，読み手に効果的に情報を伝えるための具体的な技法が細かく丁寧に説明されています。例えば，読み手（国民）の責任をより明確にするためには，受動態よりもYouで始まる能動態の文が好ましいと説明されています。

When you use "you" to address users, they are more likely to understand what their responsibility is.

× Don't say	√ Say
Copies of tax returns must be provided.	You must provide copies of your tax returns.

(*Federal Plain Language Guidelines* 2011, p. 28)

同様に，一人称代名詞Weで始まる能動態の文は受動態の文よりも，書き手の責任をより明確に読み手に伝える効果があるため，能動態の文を使用することを推奨しています。

By using "we" to respond to questions, you state clearly what your agency requires and what your agency's responsibilities are. Using "we" makes your agency more approachable and also helps you use fewer words. You can define "we" in the definitions sections of your document if that will help the user.

× Don't say	√ Say
Loan applications will be reviewed to ensure that procedures have been followed.	We review your loan application to ensure that you followed our procedures.

(*Federal Plain Language Guidelines* 2011, p. 29)

　Plain Writing Act of 2010 の誕生と平易な言葉遣いの推進の背景には，現代アメリカ政治における「企業文化の価値観の浸透」があると松木（2013）は指摘しています。企業が顧客を扱うように，政府は情報を国民に分かりやすく伝えなければなりません。しかし，その過程で，政府が不利になるような，あるいは政府の情報が権威を損なうような伝え方は避けなければなりません。言い換えると，国民が自身の権利と義務を正確に理解できないような伝え方は避けなければなりません。政府の意図したメッセージが国民に理解され，権利と義務に対する適切な行動を国民に促すこと…これこそが Plain Writing Act of 2010 の最大の目的でした。

　現代アメリカ政府が推奨するplain writingへの志向と，17世紀イギリスの科学界で起きたplain styleの推奨（第1部 pp. 22–26）は直接的には関わりがないように見えますが，どちらのコンテクストにおいてもplainであることがコミュニケーションの規範として語られています。このことは，どのようにコミュニケーションを行うべきなのか，どのような「語られ方」が志向されるべきなのかは，多くの場合，その背景にある社会変革と連動することを示しています。

第 2 部

基 本 編

読み手を導き読み手を引き付ける
論文の流れ（ストーリー）を作る

第1章

科学論文の構成

「ストーリー・テリングとしての科学論文
（Science Writing as Story Telling）」という考え方

Key Question 1

文章やストーリーの構成の方法として，
どのようなものがあるか？
国語や英語の授業で学ぶ文章構成の型といえば？

どのような構成にするか：読み手の立場になってみる

　他人に読んでもらう文章を書く時，書き手は常に，

A. 誰がこれを読むのか。
B. 自分の書くことについて，その読み手はどれだけの予備知識があるだろうか。
C. その読み手はどういう目的で，何を期待してこれを読むのだろうか。
D. その読み手が真っ先に知りたいことは何だろうか。

という4つのことをよく考えて，書く内容を取捨選択し，それをどういう順序に書くかを決め，表現の仕方を検討する必要があります（木下 1994, p. 131）。ここで重要なことは，A，B，C，D全ての項目において，「読み手」が言及されている点です。他人に読んでもらう文章を書く時は，常に，「読み手の立場になってみる」ことが重要です。科学論文をどのような構成や流れで書き進めるか，そのストーリーを考える際も，読み手が何を求めているかをまず考えることが大前提となります。

　日本には，古代中国から伝わった「起承転結」という文章の構成の仕方（型）があり，学校教育の中でも物語の構成を捉える上での基本的枠組みとして指導されることから（文部科学省2019），Key Question 1に対して「起承転結」と答えた読者の方が多くいたのではないかと思います。しかし，「起承転結」という展開はどんなジャンルにも適しているわけではありません。上記のA, B, C, Dの4つの観点から考えた場合，「起承転結」がふさわしいジャンルと「起承転結」がふさわしくないジャンルがある，という点が重要です。結論から先に言うと，「起承転結」は，「科学論文」というジャンルを構成する流れとしてはふさわしくありません。

　「起承転結」は，元々は，漢詩，特に絶句（四句の詩）の構成法を表し，第一句の起句で詩のはじまりを表現し，第二句の承句で第一句の受け詩の内容を進め，第三句の転句で詩の内容

を展開させ，第四句の結句で詩を終わらせる，という順序でストーリーが展開します。起承転結の構成は，読み手の心を動かす「文学的効果」を持っており，話し上手といわれる人のスピーチはこの組み立てになっていることが多いと言われます。また，「情報を伝達する」ということよりも「思ったことをありのままに表現し，人の心を打つ」ことに重きを置いた日本の伝統的な作文教育（斎藤2007）では，文章を起承転結の順序に組み立てることを指導する教師が多かったと言われています。

　この影響からか，日本では，詩や物語以外のジャンルの文章を書く時にも，「起承転結に注意して書く」ということが指導されたり，また暗黙の了解として期待されたりすることがあります。科学論文においても，「この論文は起承転結がない（だから分かりにくい）」というコメントが先生から出される，ということも以前はあったようです。しかし，起承転結は本質的に漢詩の表現形式であり，このレトリックは読み手の心を動かす文学的効果をねらう場合に使われるものです。第1部で整理したように，科学論文とは，「読み手の心を動かす」というよりは，「読み手を説得する」ことを目的に書かれるジャンルです。科学論文は，自分の研究成果の妥当性（＝主張）を読み手が分かるように，読み手が納得するように，十分な根拠を提示することによって，書き手が論証した文章のことです。したがって，科学論文には，この目的を達成するのに相応しい，起承転結とは別の構成の仕方があるということになります。

Exercise 1

文章の構成方法には，その目的や読み手のニーズに応じて様々なものがあります。次のジャンルは，どのような構成要素をどのような展開パターンで書くのが最も相応しい（＝ジャンルの目的や読み手のニーズに合う）と思いますか。

（1）新聞記事	
（2）研究計画書（プロポーザル）	
（3）科学論文	

人はリニアーにしか読めない

　どのジャンルを書く際にも言えることですが，文章を書く際に書き手が意識しなければならないことは，「読み手は必ずリニアーにしか読めない」（伊丹2001, p. 70）ということです。1ページ目から最後のページまで，書く順序や流れ，構成の仕方が重要になるのは，人はリニアーにしか読めないからです。だからこそ，書き手は，読み手のニーズ（セクションの初めに説明したA，B，C，Dの4つの点）を常に考え，読み手をうまく誘導しなければなりません。重要なポイントを「どこ

かに書いてあるので自分で探してください」というように，文章の理解を読み手の責任にすることは優れた書き手がすべきことではありません。

　ただ，研究成果を発信するという大きな論文を生まれて初めて書く，しかも外国語で書くという人にとって，読み手をうまく誘導しながら論文全体の論理の流れを作る，というのは簡単なことではありません。各セクション内の流れをどうするか，各セクション間の相互関係に基づいて論文全体の流れをどうするか…ここが初めて論文を執筆しようとする人が最も苦労する点ではないかと思います。そして，ここが「読み手はリニアーにしか読めない」ということと関連するところなのです。

Exercise 2

トップジャーナルの査読者100人に「あなたが論文の査読をする時，文章のどのような問題が最も内容理解を妨げますか？」と質問しました。大多数の査読者が選んだものは，AからEのうちどれだったと思いますか？
（　　　　）

> A. 単語の選択（word choices）
>
> B. 文法（grammar）
>
> C. 文構造（sentence structure）
>
> D. 各パラグラフ内での構造（paragraph structure）
>
> E. 論文全体でのパラグラフの配列・構造（text structure）

　Yale大学でサイエンス・ライティングを指導しているAngelika Hofmann氏は，論文の内容理解を妨げる最も深刻なエラーは何かについて，トップジャーナルの査読者100名に対して調査を行いました。下記の図1がその結果です。

図1　査読者の内容理解を妨げる英文エラー（Hofmann 2010, p. 6を元に作成）

　Hofmann 氏の調査に参加したトップジャーナルの査読者らは，その大多数が「最も内容理解を妨げる英文エラー」として「論文全体の構造」を選んだということです。図 1 が示すように，単語の選択や文法などの micro-level のエラーは，査読者にとって内容が比較的容易に推測できることから，それほど深刻なエラーではないということでした。一方で，エラーが文構造 → パラグラフ → 論文全体と macro-level になればなるほど，内容理解を非常に妨げる傾向があることが明らかになりました。この調査結果からも，論文をどのような構成で書き進めるか，読み手をどのように誘導するかが，科学論文の書き手にとって極めて重要なポイントであることが分かります。繰り返しになりますが，「読み手は常にリニアーにしか読めない」からです。

単語より構成：ストーリーを作る

　Hofmann（2010）の調査から，査読者が最初に論文に目を通す初稿段階では，単語や文法よりも論文全体の構成や流れの方が重要であるらしいということが示唆されました。しかし，これは単語や文法の問題は気にしなくてよい，という意味ではありません。単語や文法のような micro-level のエラーは，論文の構成やストーリーが完成した後のタイミングで修正が可能です。多くの国際ジャーナルでは，論文が採択された後，印刷の段階（in press）に入る直前にも，メカニカルなエラーを修正する機会が与えられています。言い換えると，後のタイミングになればなるほど，macro-level の修正は許されない，ということになります。論文全体の構成といった macro-level な項目は，早い段階に整理をしておく，誰にとっても明確で分かりやすい流れにしておくということが極めて重要になります。また，そうでなければ，査読者に好感を持って読まれ，採択され，発表にまで漕ぎつけるということも難しくなります。

　「単語より構成が大事」ということについて，*Nature* 誌の Senior Editor である Dr. Leoni Mueck 氏は次のように述べています。

> The language doesn't matter in the first editor's assessment of a manuscript. Whether the language is polished, whether the English is good, it doesn't really matter as long as the editor can understand what the researcher is saying.

（Mueck 2019）下線は筆者による。

Nature 誌では，提出された論文の査読の第一段階においては "The language doesn't matter"（言語は重要ではない），また，著者が伝えようとしていることを査読者が理解できさえすれば，"Whether the language is polished"（言語が洗練されているかどうか）や "whether the English is good"（その英語が良いものかどうか）は重要ではない，と Mueck 氏は述べています。

　このことに関連して，同じく *Nature* の関連誌である *Nature Plants* 誌の Chief Editor である Chris Surridge 氏も次のように述べています。

Communicating about your findings to your peers and to non-specialist readers goes well beyond just presenting your results. When writing, <u>keep in mind that you need to guide your reader.</u>

You have to remember that it is being written for somebody else, therefore <u>it's good for it to be a story.</u>

It's useful to remember that <u>the research that you present doesn't have to be in the order that you did it.</u>

（Surridge 2019）下線は筆者による。

Surridge 氏は，ここで，科学論文の本質とも関わる重要なポイントを指摘しています。それは，研究結果を他者（同じ分野の研究者だけでなく一般の読者も含める）に<u>伝える</u>ということは，単に研究結果を<u>発表する</u>という行為だけに留まらないという点です。つまり，科学論文を書く時には，<u>"keep in mind that you need to guide your reader."</u>（読み手を誘導するという任務を忘れてはならない）ということです。他者に読んでもらうために文章を書いている以上，<u>"it's good for it to be a story."</u>（その文章が「ストーリー」になっていることが理想である）ということです。あなた自身の研究成果を「ストーリー」として伝えるためには，<u>"the research that you present doesn't have to be in the order that you did it."</u>（単に行った通りの順序で書くということではない）ということを書き手は常に意識しなければなりません。書き手は，自身の研究のプロセスの全てを知っているので，知っていること全てを書こうとしがちです。しかし，その全てを自分が実施した通りの順番で書く必要はありません。読み手はリニアーにしか文章を読むことができません。だから，書き手は読み手を上手く誘導しなければなりません。それゆえに，Surridge 氏が言うように，「ストーリー・テリングとしての科学論文（Science Writing as Story Telling）」という考え方が重要になるのです。

第 2 章

それぞれのセクションで
どのように読み手を導くか

科学論文の IMRaD と Move

Key Question 2

科学論文は，その構成が決まっていて「形から入る世界」だというのは本当か？

IMRaD で読み手を導く

　自分の研究成果を効果的に（説得的に）読み手に伝えるためには，論文をうまく組み立てることが不可欠です。前のセクションでは，「読み手をうまく誘導するストーリーを作る」ことが重要だという解説とともに，「ストーリー・テリングとしての科学論文（Science Writing as Story Telling）」という考え方を提案しました。それでは，読み手を引き付け，読み手を導くストーリーのある科学論文とは，どのような構成や流れで書き進めればよいのでしょうか。

　科学論文は，多くの読み手によって期待される構成の仕方がある程度決まっており，伝えるべき内容をすでに持っている研究者は，その「型」に内容を流し込んでいくことで，論文のストーリーを完成することができるかもしれません。分野による若干の違いはありますが，たいていのジャーナルでは，IMRaD形式で論文を書くことが望ましいとされています。IMRaD は，論文の各セクションである Introduction, Methods, Results, and Discussion の頭文字を取った言葉です。

　ジャーナルによっては，Methods が Experiments や Materials になったり，Results が Findings になったり，Discussion の後に Conclusion があったりする場合もあり，必ずしもこの4つのセクション名が使われているとは限りませんが，IMRaD は，科学論文のストーリーの基本的枠組みとなっています。科学論文の書き手は，基本的には，この IMRaD の流れで読み手を導くことが期待されます。言い換えると，研究という大きなストーリーが，IMRaD という4つの主要なセクションに分類され，読み手に向けて語られるということです。

Exercise 3

次のそれぞれの問いに対する答えは, Introduction, Methods, Results, Discussion のどのセクションで書かなければならないでしょうか？

問い	セクション
・What does it mean?　（それは何を意味するのか？）	・Introduction
・Why did you do it? And what did you do? 　（なぜそれをしたのか？何をしたのか？）	・Methods ・Results
・How did you do it?　（どうやってそれをしたのか？）	・Discussion
・What did you find out?　（何を発見したのか？）	

　Introduction（序論）では，何を研究したのか，なぜその研究が重要なのかを明確に述べます。ここでは，自分自身の研究が先行研究の中でどう位置づけられるか，どのような背景と位置づけで研究が行われたのかを説明することが大切です。同時に，Introductionでは，研究のハイライトの部分だけ説明し，全部を詳細に書かないようにすることもポイントです。ストーリーの全部を書いてしまうと後を読む必要がなくなるからです。読み手がIntroductionの続きを読みたくなるような内容と構成にしましょう。

　Methods（研究方法）では，どんな人や物を対象に，どのようなデータを収集し，どのような分析をしたのかを詳しく説明します。ここに書かれた研究手法を他の研究者も再現できるよう，詳細で丁寧な説明をすることが大切です。

　Results（結果）では，設定した問い（リサーチクエスチョン）に対してどのような結果が得られたかを，エビデンスに基づいて解説します。実施した順番に時系列に描写するのではなく，Introductionで提起した問題と関連づけて，また，リサーチクエスチョンに答える形で，その論理関係が明確になるように結果を報告しましょう。重要だと思われる結果を報告する際は強調表現（booster）を使う，必ずしも断定はできず，継続的な調査が必要だと思われる結果を報告する際は緩衝表現（hedge）を使うなどの工夫も必要です。

　Discussion（考察）では，得られた研究結果が何を意味するのかを考察し，その研究が学術的あるいは社会的にどのような影響をもたらすのか，どのような意義があり，どのような貢献をするのかを読み手に向けて説明します。書き手としての「主体性」を読み手に示す技法が最も求められるセクションでもあります。

それぞれのセクションの中で読み手をどう導くか：Move という考え方

　詩や物語というジャンルには「起承転結」という展開がふさわしく，科学論文には「IMRaD」

という展開がふさわしい，というように書き言葉のジャンルには，その目的や読み手のニーズに応じた一定の展開パターンがあると言われています。このように特定のジャンルを形成する一定の展開の動き（Move）を分析することは，John Swalesをはじめ，Vijay K. Bhatia，John Flowerdew，Dian Belcher，Ken Hyland，Brian Paltridge といった北米のESP（English for Specific Purposes）派を中心とするコンポジション研究者の間で「Move分析」と呼ばれ，1990年代頃から教室の中での作文指導でも活用されるようになっています。

　Move分析を用いることによって，これまで，様々なジャンルに固有の特殊構造や修辞技法が明らかにされてきました（例：term paper（Mustafa 1995），science papers（Hammond & Macken-Horarik 1999），reports（Flowerdew 2005），exegesis（Paltridge 2004），film review（Pang 2002），tourist information（Henry & Roseberry 1998），care plans（Gimenez 2008; Leki 2003），sales letter（Bhatia 1991））。中でも，John Swales（1990）による「科学論文の序論のMove分析」は，よく知られた研究の1つです。Swalesは，科学論文の序論は，3つの主要なMoveがあり，その中にさらに細かいStepが内包されることを明らかにしました。まず最初に，自分の研究領域を確立するため，トピックの重要性を主張し，先行研究のレビューを通して自分の研究がこれまでの知見の蓄積の中でどこに位置づけられるのかを説明する（Move 1），次に，先行研究の隙間（niche）を指摘し，自分の研究の新規性や意義を説明する（Move 2），最後に，研究目的や概要を説明したり，論文全体の構成などに言及する（Move 3）。この成果は，「CARS（Creating a Research Space）モデル」として発表され，30年が経過した現在も科学論文の指導の際に取り入れられています（John Swalesは2004年に，さらに詳細なMoveを含む改訂版CARSモデルを提唱しています→Swales 2004）。図2は，CARSモデルの詳細です。

Move 1: 研究領域を確立する（Establishing a territory）

　Step 1: トピックの重要性を示す
　Step 2: トピックの背景情報を示す
　Step 3: トピックに関する主要な先行研究を概観する

Move 2: ニッチ（未解明の課題）を確立する（Establishing a niche）

　Step 1A: 反対の主張をする
　Step 1B: 矛盾点や不十分な点を指摘する
　Step 1C: 疑問を投じる
　Step 1D: 伝統を継続する

Move 3: ニッチ（未解明の課題）を履行する（Occupying the niche）
Step 1A: 本研究の目的を述べる Step 1B: 本研究の概要を述べる Step 2: 主な研究結果を述べる Step 3: 論文の構成を示す

図2　科学論文の序論の展開パターン（Swales 1990, p. 141）

Swales（1990）のCARSモデルが示しているように，「Move」という展開の動きは「情報伝達ごとにいくつかの文を1つのまとまりと捉え，読み手を一定の原則に従って誘導する修辞的なストラテジー」とも言い換えることもできます。この「Move」を意識して論文を執筆することで，図3のように，読み手をリニアーに誘導することができ，研究の流れを「ストーリー」として読み手に伝えることができます。

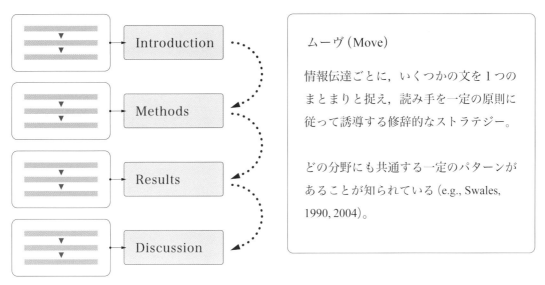

図3　科学論文の展開の動き

次のセクションからは，実際にトップジャーナルに掲載された科学論文を用いて，読者のみなさんにMove分析を経験していただき，優れた論文の書き手がどのように読み手を導いているか，どのようにストーリー・テリングがなされているかについて理解を深めていただきたいと思います。

第 3 章

Introduction で
どのように読み手を導くか

Key Question 3

Introduction の役割とは？

Introduction の役割：時間のない読み手に続きを読んでもらうために

　科学論文の Introduction（序論）の役割は，簡単に言えば，「なぜその研究テーマを選んだのか」，「なぜその研究テーマは探索するに値するのか」，「なぜその研究手法／アプローチを採用したのか」，「なぜ研究成果は重要なのか」といった《なぜ》に答えるセクションです。読み手から起こりうる《なぜ》に対して1つひとつ丁寧な説明をすることで，「自分の研究がいかに重要で，いかに読むに値するか」を読み手に理解してもらう，これが Introduction の役割になります。

　また，Introduction にはもう1つの重要な役割があります。Introduction は，研究について語られる論文の「導入部（entry point）」です。この出だしで読み手を引き付けることに失敗すれば，続きは読んでもらえない可能性があります。文章を書く人は，その文章がどのようなジャンルであっても，コンテンツを読んでもらうとき，読み手に時間をいただいています。人は何に時間を使うのかを考えると，「自分を助けてくれるものに使う」という答えが浮かんできます。忙しい読み手は，「今自分が必要な情報だけ得られればいい」，「今ほしいものだけが見つかればいい」という目的であなたの論文にアクセスしている場合もあります。これらの読み手がまず最初に読むのは Introduction です。忙しい読み手に，続きをじっくり読んでもらうために，分かりやすいストーリー展開で読み手を導くことが大切です。

　それでは，読み手をうまく導くためには，Introduction にどのような情報を盛り込めばよいのでしょうか。どのような Move で読み手を誘導すればよいのでしょうか。トップジャーナル *Nature Communications* 誌に掲載された実際の論文を使って，優れた書き手が Introduction でどのように読み手を引き付け，どのように読み手を誘導しているかを分析してみましょう。

Introduction の Move 分析

　次の文章は，Yu et al. (2019) * による論文の Introduction です。著者らは Introduction にどのような情報を盛り込んでいるでしょうか。どのような Move で読み手を導いているで

しょうか。内容は十分に理解できなくて構いません。色付けされた言語的特徴に着目して分析してみてください。

Cancer cell lines **are an integral part of cancer research** and **are routinely used to** study cancer biology and to screen anti-tumor compounds. The generation of large public molecular data sets **has allowed researchers to investigate** cancer biology **at a scale that was unheard of a decade ago. In particular, the Cancer Genome Atlas (TCGA) research group has collected and characterized** the molecular profiles of tumors from over 11,000 patients across 33 different tumor types. **They provide** clinical, transcriptomic, methylation, copy number, mutation, and proteomic data to facilitate the in-depth interrogation of cancer biology at multiple molecular and clinical levels. **In addition, the Broad Institute's Cancer Cell Line Encyclopedia is another large-scale research effort which characterized** over 1000 human-derived cancer cell lines across 36 tumor types and **provides** transcriptomic, copy number, and mutation data.

Move 1

Previous studies have integrated data from both of these data sets to evaluate cell lines as models of specific tumor types. For example, Domcke et al. focused primarily on copy number alterations and mutation data to evaluate cell lines as models of high-grade serous ovarian carcinomas (HGSOC). They created a cell line suitability score using feat ures of HGSOC and discovered that the most commonly used cell lines do not seem to resemble HGSOC tumors. Similarly, Chen et al. compared hepatocellular carcinoma primary tumor samples to cell lines using transcriptomic data and found that nearly half of the hepatocellular carcinoma cell lines in CCLE do not resemble their primary tumors. In breast cancer, Jiang et al. compared gene expression, copy number alterations, mutations, and protein expression between cell lines and primary tumor samples. They created another cell line suitability score by summing the correlations across all four molecular profiles, although it is notable that only gene expression and copy number alterations had a substantial effect on their score as mutations and protein expression had extremely low correlations across all cell lines ($R<0.1$). In another breast cancer study, Vincent et al. compared transcriptomic data between cell lines and primary tumor samples and identified basal and luminal cell lines that were most similar to their respective breast cancer subtypes.

Move 2

These studies provide insight into specific tumor types. However, these findings show that cell lines differ in their ability to represent the primary tumors they were derived from, implying that cell lines have limitations as preclinical models of cancer and that using more appropriate cell lines for cancer studies may increase the translatability of preclinical findings. In addition, while much progress has been made in separating primary tumors into biologically distinct subtypes, few publications have attempted to apply these subtypes to cell line models.

Move 3

Here we hope to provide researchers with a pan-cancer resource that is, to the best of our knowledge, the most comprehensive to date. In addition, unlike previous studies, we adjust for tumor purity which can be a significant confounder in primary tumor transcriptomic data. Our study seeks to provide subtype classifications for cell lines to aid researchers interested in subtype-specific studies or drug screens.

Move 4

* Yu, K., Chen, B., Aran, D., Charalel, J., Yau, C., Wolf, D. M., van't Veer, L. J., Butte, A. J., Goldstein T., & Sirota, M. (2019). Comprehensive transcriptomic analysis of cell lines as models of primary tumors across 22 tumor types. *Nature Communications, 10*(3574), 1–11. （第一著者と責任著者より許諾を得て転載）
* 教材用に一部修正しています。
* 引用文献を示す番号（右上添え字）は省いています。

…《単語リスト》………………………………………………………………………………………

cell lines：細胞株，培養細胞株

integral part of A：A の中心的な部分

are routinely used：いつも決まって（日常的に）使用されている

was unheard of a decade ago：数十年前は聞いたことがないような

characterize A：A を特徴付ける，A の特徴を述べる

integrate data from both：両方からのデータを統合する

specific tumor type：特定の腫瘍型

focus primarily on A：特に A に焦点を当てる

primary tumors：一次癌，原発癌

identify A：A を発見する

provide insight into A：A への洞察を加える，A を理解する上での手がかりを提供する

implying that...：…であることを暗示している，…をほのめかしている

limitations：限界点

preclinical model：前臨床モデル

more appropriate：より適した

translatability：（実用への）応用性

While S' V'..., S V 〜：S'V'…の一方で，SV 〜

much progress has been made in A：A の領域で大きな進歩があった

few publications have attempted to...：…を試みた論文はこれまでほとんどない

pan-cancer resource：がん種を超えた多様ながん細胞のリソース

most comprehensive：最も包括的な，最も広い

to date：現在まで，今までのところ（＝ up to the present）

adjust for A：A を（目的に合わせて）調整する，少し変える

unlike previous studies：先行研究とは異なり

seek to...：…することを目指す

subtype classification：サブタイプ（型の下位に位置する分類群，亜型）の分類

Introduction を構成する Moves

　Introduction は，「なぜこの研究を行う必要があったのか」，「なぜこの研究が重要なのか」という，読み手から起こりうる《なぜ》に答えるセクションであることを説明しました。そのために，どのような情報を盛り込み，どのような展開にすればよいのでしょうか。Yu et al. (2019) の論文の Introduction は，図 4 で示すように，4 つの Moves で構成されていることが分かりました。

Establishing the importance of the topic
研究課題を確立する

↓

Introducing previous work to establish what has been known
先行研究を簡潔に紹介し，何が明らかにされてきたかを読み手に示す

↓

Identifying what is unknown or the lack of previous research
何が分かっていないのか，何が未解明なのかを指摘する

↓

Stating the purpose of the research
本研究の目的を述べる

図 4　Introduction で読み手を導く Moves

この順序で，読み手から生じうる「なぜこの研究を行うのか」に答える情報を提示していくと，読み手をスムーズに本論へと導いていくことができます。Introductionに特有のこのスムーズな論理展開は "funnel structure（漏斗構造）" と呼ばれています（図5）。漏斗から液体が流れ出るように，読み手が混乱なくIntroductionを読み進められるように，Topic（トピックの提示）→ Known（過去の研究）→ Unknown（未解明のこと）→ Question（本研究の目的）というストーリー展開で読み手を本論へと誘導しましょう。

　このストーリー展開で読み手を効果的に導くために，Move 1，Move 2，Move 3，Move 4 の展開を読み手に示す定型表現を身につけておくとよいでしょう。次のセクションでは，読み手を効果的に導くためのMove別定型表現リストをまとめています。

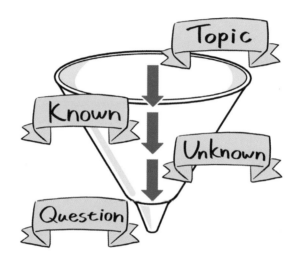

図5　Introductionに見られる漏斗構造（Hofmann 2010, p. 231 より作図）

Introduction で読み手を導く重要表現

ここに掲載されている表現は，英語論文執筆支援ツールAWSuM（水本 2017; Mizumoto, Hamatani, & Imao 2017）に収録された論文コーパスより，各Moveで使用頻度の高い表現を抜粋したものです。

空欄→高等学校までの英語学習の復習を兼ねて，適切な語を書いてみてください。正答は巻末の解答を確認してください。

Move 1. 研究課題を確立する

分野における研究の重要性に言及する	X is an integral part of...	Xは，…において不可欠な領域である
	X is an important aspect of...	Xは，…における重要な要素である
	X is a major area of research in...	Xは，…における主要な研究領域である
	X is of great interest among researchers	Xは，研究者の間で非常に関心が高い
	X has been of great interest to scholars in the Y field	Xは，Y領域の研究者にとって非常に関心が高い
	X is (w) investigating	Xは，<u>調査するに値する</u>
	X plays a crucial/pivotal (r) in addressing the issue of...	Xは，…の問題を語る上で重要な／中心的な<u>役割</u>を果たしている
	There is a growing body of literature that recognizes the importance of X	Xの重要性を認識する先行研究が益々増えている
	There has been an increasing interest in X	Xに対する関心は，益々高まっている
	X has received considerable attention	Xは，大きな注目を受けてきている
	X has attracted considerable interest	Xは，多くの関心を集めてきている
	The study of X has gained momentum	Xについての研究は，勢いを増している
最近の動向について説明する（time frame に触れる）	In recent years, there has been an increasing interest in X	近年，Xに対する関心が益々高まっている
	Recently, researchers have shown an increased interest in X	近年，研究者の間でXに対する関心が高まっている
	The past (d) has seen the rapid development of X	<u>過去10年</u>の間に，Xの急速な発展があった
	Over the past few decades, there has been a dramatic change in X	過去数十年にわたって，Xに大きな変化があった
	For the past 30 years, research has focused on the use of X	過去30年の間，研究はXの使用に焦点を当ててきた
	Since the 1990s, a considerable literature has grown up around the theme of X	1990年代に入って以来，Xに関する研究がかなり発展してきた
	In the last few years, considerable attention has been paid to X	この数年の間，Xの対する大きな関心が寄せられている

Move 2.　先行研究を紹介する

	英語	日本語
先行研究の数に言及する	Several studies have investigated X. For example,...	いくつかの研究はXを調査してきた。例えば…
	Numerous studies have shown...	多くの研究は…を示してきた
	A large body of research has suggested that...	多くの研究は…を示してきた
	There has been a growing body of research on X	Xについての研究が益々増えている
	X has been investigated in a wide (r　　) of studies	Xは様々な研究で調査されてきた
	Most of these studies have examined...	これらの研究のほとんどは…を調査してきた
	A great deal of previous research into X has focused on...	Xについての多くの先行研究は…に焦点を当ててきた
	Various studies have assessed the efficacy of X	様々な研究がXの効果を測定してきた
	To (d　　), researchers have attempted to evaluate the impact of X	これまで，研究者はXの影響について評価しようと試みてきた
	The importance of X has been reported by several authors (e.g., ...)	Xの重要性は数人の著者らによって報告されてきている（例…）
	This question has been addressed in a number of studies (e.g., ...)	この問いは，多くの研究の中で扱われてきた（例…）
先行研究の成果を提示する	Previous research has suggested* / demonstrated / shown / revealed / indicated that...	先行研究は…を示してきた
	More recent studies have suggested that...	最近の研究は…を示してきた
	It has been suggested / demonstrated / shown / revealed / indicated that...	…ということが示されてきている
	It is now well established from a variety of studies that...	様々な先行研究から…という見方が十分確立されている
	Over the past decades, significant (p　　) has been made in X	過去数十年にわたって，Xにおいて顕著な進歩があった

＊伝達動詞の種類や使い分けについては，次のセクションの解説を参照

Move 3. 未解明の課題や不十分な点を指摘する

不十分な点を提示する	(D) these outcomes, little is known about X	これらの成果にもかかわらず，X については ほとんど分かっていない
	However, little is known abut X	しかし，X についてはほとんど分かっていない
	However, to date, few studies have examined X	しかし，現在まで，X についてはほとんど調査されていない
	Little attention has been (p) to X	X にはほとんど注意が払われてこなかった
	X has received relatively little attention	X には，他と比べるとあまり注意が払われてこなかった
	X has received surprisingly little attention	X には，驚くほど注意が払われてこなかった
	Yet studies in this area are still lacking	しかし，この領域の研究はまだ不十分である
	However, these studies have limitations. First...	しかし，これらの研究には限界点がある。まず1つ目に…
	The previous methods have serious limitations in one way or the other	先行研究で使われた手法には，いずれにしても深刻な限界点がある
	Only a few attempts have been undertaken to study X	X の調査には，まだほんの試みしかなされてきていない
	There have been few attempts to investigate X	X の調査は，ほとんど試みられてきていない
	Few publications have attempted to apply X	先行研究のほとんどは X を応用することを試みていない
	Few publications are available in the literature that discuss the issue of X	X について論じた論文は先行研究ではほとんどない
未解明の点を提示する	It remains **unclear** whether...	…かどうかはまだ不明瞭なままである
	Whether... remains **uncertain**	…かどうかはまだ不確かなままである
	Although these findings are informative, many other aspects X remain **unexplored**	これらの発見は示唆に富むが，X の他の多くの要素はまだ未開拓である
	Their long-tern effects remain **unknown**	それらの長期的な効果についてはまだ未解明のままである
	X is yet to be answered	X はまだ答えが出ていない

65

X is yet to be fully understood	Xはまだ十分には理解されていない
X is yet to be thoroughly researched	Xはまだ十分には調査されていない
X is still an issue yet to be explored	Xはまだ探索されていない問題である
However, many questions arise as to whether...	しかし，…かどうかについては多くの疑問が生じる
Now two questions arise: First...	ここで2つの疑問が生じる。1つ目は…
These questions need to be addressed in further research	これらの疑問は今後のさらなる調査で扱われる必要がある
Hence, there is a need for further research in this area	したがって，この領域でさらなる調査の必要性がある
Clearly, further research and development are needed in this area	明らかに，この領域においてさらなる調査と発展が必要である

Move 4．本研究の目的を述べる

研究目的を述べる	The purpose of this study is to identify...	本研究の目的は，…を解明することだ
	The purpose of this experiment is to detect...	本実験の目的は，…を発見することである
	In this article, we (a　　　) to examine...	本稿において，我々は，…を調査することを目的とした
	In this paper, we (f　　　) on...	本論文において，我々は，…に焦点を当てた
	In this paper, we present...	本論文において，我々は，…を報告する
	This paper attempts to provide insights into...	本論文は…への知見をもたらすことを目指す
	The (o　　　) of this research are to determine whether...	本研究の目的は，…かどうかを決定することである
	The present study was conducted to serve two purposes. First, ... Second...	本研究は，2つの目的を達成するために実施された。1つ目は…2つ目は…

	This study (s) to obtain data which will help to address these research gaps	本研究は，これまでの研究成果のギャップを埋めるためのデータを入手することを目指す
	In this study, two research questions were formulated: (1)..., (2)...,	本研究では，2つのリサーチクエスチョンが設定された。(1)…，(2)…，
	To address these unexplored issues, we investigated...	これらの未解明の問題に対処するため，我々は…を調査した
研究方法を簡潔に述べる	We analyzed X	我々は，Xを分析した
	We used the X model to analyze...	我々は，…を分析するためにXモデルを使用した
	We employed the methods of...	我々は，…メソッドを採用／使用した
	Data for this study were collected using...	…を使って，本研究のデータが収集された
	Based on these data, we estimated...	これらのデータに基づき，我々は，…を測定した
	We took X into (c) as an indicator of Y...	我々は，YのサインとしてXを考慮にいれた
	In this report, we tested the (h) that...	このレポートで，我々は，…という仮説を検証した
	This study follows a case-study design, with in-depth analysis of...	この調査は，…についての詳細な分析を含む事例研究の形式を取っている
	The study was conducted in the form of a (q), with data being gathered via...	この研究は質問紙調査の形式で実施され，データは…を通して集められた

Key Question 4

伝達動詞の機能の違いとは？
どのように使い分けると効果的か？

show? find? indicate? … どんな伝達動詞（reporting verbs）を使うか？

　科学論文を始めとする学術的な文章(授業の中で書くエッセイ, リサーチペーパー, レビュー, ラボレポート等も含む）では, しばしば, 他者の研究成果について言及する（引用する）ことが必要になります。学術的な研究とは, 先行研究で蓄積された知を土台にして, 新たな知見を見出すものであるからです。「～氏は○○○と述べている」というように, 他者の研究成果を引用する際に用いる動詞は「伝達動詞（reporting verbs）」と呼ばれます。前出の Introduction のモデルでも, "X shows..." や "Y found..." や "Z attempted to apply..." のように, 様々な伝達動詞が使われていました。

　様々な伝達動詞がある中で, 書き手はどのように伝達動詞を使い分ければよいのでしょうか。どのような基準で特定の文脈や目的に合う最も適切な伝達動詞を選択すればよいのでしょうか。これらの問いに答えるためには, それぞれの伝達動詞が備える微妙なニュアンスを意識することが大切です。例えば, "Swales（1990）says..." や "Swales（1990）writes..." のように, say や write といった伝達動詞は, 中立的でどのような場面にも使える便利な伝達動詞ですが, 文脈や目的によっては別の伝達動詞を使う方が効果的な場合があるでしょう。さらに, 同じ語の繰り返しは, 論文全体の洗練性（sophistication）を下げてしまうため, 読み手を効果的に誘導するには, 目的や状況に応じて多様な伝達動詞を使いこなすことが求められます。

Exercise 4

次の（A）と（B）の文にはどのような違いがありますか。伝達動詞の違いに着目して説明してください。

| A | Swales (1990) argues that reporting should take place in the present tense in academic writing. |

B	Swales (1990) <u>suggests</u> that reporting should take place in the present tense in academic writing.

　優れた科学論文の書き手は，目的や状況に合う最も適切な伝達動詞を選び，他者の研究成果や他者の見解を読み手に伝えています。例えば，上記のＡと文では "argue（…を主張する）" を用いることによって，Swales（1990）がthat以下の内容が正しいと確信していることが分かります。一方，Ｂの文では "suggest（…を提案する）" を用いることによって，Swales（1990）が明確な立場は取らずに，中立的な立場（tentativity）を取っていることが分かります。このように，<u>伝達動詞の微妙なニュアンスの違いを理解して使い分けをすることで，他者の見解のみならず，その他者の見解に対する書き手自らの解釈をも読み手に正しく伝えることができる</u>のです。したがって，伝達動詞を巧みに使い分けることは，「適切な引用」を行う上で不可欠な要素といえます。

　伝達動詞の分類法には様々なものがありますが，よく知られているものにHyland（2002a）による分類があります。Hyland（2002a）は，書き手が言及する活動の種類（the kind of activity）によって，伝達動詞を3つの種類に分類しました。Research Acts（研究活動），Cognition Acts（認知活動），Discourse Acts（談話活動）の3つです。<u>Research Acts（研究活動）</u>に関する伝達動詞とは，文字通り，研究を実施する過程で起きる活動を描写する動詞で，例えば，observe（〜を観察する），analyze（〜を分析する），find（〜を発見する）などがあります。<u>Cognition Acts（認知活動）</u>に関する伝達動詞とは，人間の認知（思考や判断や理解など）に関する活動を描写する動詞で，例えば，believe（〜を信じる），assume（〜を前提とする），view（〜と考える）などがあります。<u>Discourse Acts（談話活動）</u>に関する伝達動詞とは，人間の談話（話す，書く，言う，述べるなど）に関する活動を描写する動詞で，例えば，discuss（〜を述べる），state（〜を述べる），report（〜を報告する）などがあります。

　これらの伝達動詞は，伝達する内容に対する著者の立場（中立的なのか，暫定的なのか，確信的なのか）によってさらに細かく分類することができます。表1は，著者の確信度の強さによる伝達動詞の分類です。

表1　著者の確信度の高さに基づく伝達動詞の分類

著者の立場	具体例
中立的 (neutral)	address（〜について言及する），demonstrate（〜を示す），describe（〜を描写する），discuss（〜について論じる），examine（〜を調査する），explain（〜を説明する），explore（〜を探索する），express（〜と述べる），find（〜を発見する），investigate（〜を調査する），mention（〜と述べる），note（〜と述べる），observe（〜を観察する），point out（〜を指摘する），present（〜を提示する），remark（〜と述べる），report（〜を報告する），reveal（〜を明らかにする），show（〜を示す），state（〜と述べる），study（〜を調査する），view（〜だと考える）
暫定的 (tentative)	consider（〜について検討する），hypothesize（〜と仮説を立てる），imply（〜を暗示する，〜をほのめかす），indicate（〜を示す），posit the view that（〜という見方を仮定する），postulate（〜と仮定する），propose（〜を提案する），recommend（〜を推薦する），suggest（〜を提案する），speculate（〜と推測する）
断定的 (strong)	advocate（〜を主張する），argue（〜を主張する），challenge（〜に対抗する），claim（〜を主張する），conclude（〜と結論づける），confirm（〜であることを確認する，〜を裏付ける），contend（〜を主張する），counter the view/argument that（〜という見方／主張に反論する），emphasize（〜を強調する），highlight（〜を強調する），maintain（〜を主張する），refute（〜に反論する），strongly believe（〜を強く信じる），support the view that（〜という見方を支持する），underscore（〜を強調する），stress（〜を強調する）

Exercise 5

下線部の伝達動詞の機能について，著者の確信度の観点から説明してください。

Numerous studies **have shown** the value of using tumor size and nodal status to estimate prognosis in breast cancer. The relation between tumor size, lymph node status and outcome has been qualitatively known for many years. Fisher *et al.*, **found** a relation between size, nodal status and outcome back in 1969. However, these authors **concluded** that size alone was not as consequential to the patient's survival as were the other factors. Valagussa *et al.*, **noted** that survival rates were directly proportional to the size of the primary tumor in node positive cases, but not in node-negative patients. These authors **were not able to** quantitatively **relate** size with nodal status and survival, owing in part to relatively small sample sizes and in part to the lack of a population based on comparison group.

（Carter et al. 1989 より抜粋）

どのような伝達動詞を使うかは，分野や領域によっても傾向が異なることが分かっています。Hyland（2002a）は，哲学，社会学，応用言語学，経営学，生物学，電気工学，機械工学，物理の8つの各分野の科学論文コーパスを分析し，分野による伝達動詞の使用傾向の違いを明らかにしました。表2は，Hyland（2002a）による調査結果です。

表2　分野による伝達動詞の使用頻度の違い

分野	一論文における出現率	1,000 words ごとの出現率	使用頻度の高い伝達動詞	%
哲学	57.1	7.3	say, suggest, argue, claim, point out, hold, think	25.4
社会学	43.6	5.3	argue, suggest, describe, note, analyze, discuss	26.8
応用言語学	33.4	4.8	suggest, argue, show, explain, find, point out	28.5
経営学	32.7	3.5	suggest, argue, find, demonstrate, propose, show	40.4
生物学	26.2	4.9	describe, find, report, show, suggest, observe	55.7
電気工学	17.4	3.4	propose, use, describe, show, publish, develop	38.0
機械工学	11.7	3.1	describe, show, report, discuss, give, develop	30.7
物理	6.6	2.0	develop, report, study, find, expand	42.4

（Hyland 2002a, p. 13）

Exercise 6

学術分野を広く文系と理系に分類するならば，表2のHyland（2002a）の調査結果から，文系と理系で使われる伝達動詞にはどのような違いがあると言えるでしょうか。

Exercise 7

日本語のニュアンスに従って，（　　　）に入る最も適切な伝達動詞を下の選択肢から選んでください。

(1)　In a latest article Morton (2012) (　　　　) how information technology is changing society.
（～と説明している）

(2)　Schmidt (2010) （　　　　） the process of language acquisition.
（～について描写している）

(3)　Kon (2000) (　　　　) that all poets are strongly influenced by their childhood.
（～ということを提案している）

(4)　Lee (2006) (　　　　) that problems arose earlier than previously thought.
（～と述べている）

(5)　Our meta-regression （　　　　） clear and robust evidence of differences among risk levels.
（～を確認する，～を見つける）

(6)　Van Vuuren (2011) （　　　　） that other historians have been misinterpreted the period.
（～をほのめかしている，～を暗示している）

(7)　Patel (1987) (　　　　) that governments should continue to fund space projects.
　　　（自分の見解が合理的であることを主張する）

(8)　Greenberg (2001) (　　　　) the importance of taking a liberal approach.
　　　（〜を強調している）

(9)　Levack (2010) (　　　　) that there are contadictions in Day's interpretation of the poem.
　　　（〜を指摘している）

(10)　Kim (2005) (　　　　) how Bach's music draws considerably on earlier composer's work.
　　　（〜を示している）

highlights	argues	identifies	points out	implies	shows
suggests	describes	states	explains		

第 4 章

Methods で
どのように読み手を導くか

Key Question 5

Methodsを書く上で最も重要なことは？

Methods の役割

　Methods（研究方法）は，その研究がどのように行われ，なぜその手法を用いたのかを説明するセクションです。科学論文が「研究者同士のコミュニケーションのツール」であることを考えると，自分がデザインした研究手法を読み手に丁寧に説明することは，研究結果を報告すること以上に重要であると言えます。研究結果を得るまでのプロセスや手続きが読み手にとって不明瞭だと，導き出された研究結果の根拠も不明瞭なままとなり，どんなに優れた研究結果が得られたとしても，その重要性は読み手にはほとんど伝わらない可能性があります。

　Methodsで最も重要な点は，手法の適切性が伝わるように，再現性が確保できるように，できるだけ具体的に書くことです。特に実験研究の場合は，他の研究者が再現し，妥当性を検証できるぐらいに，手続きを丁寧に詳細に書く必要があります。人間を対象とする研究では，追試（再現）は容易ではありません。先行研究と同じ研究手法を用いることはできても，対象となる研究参加者とその参加者を取り巻く環境を同一にすることはほぼ不可能です。したがって，人間を対象とする研究では，対象者をどのように選定したのか（選定基準），対象者はどのような環境にいるのか（状況設定・条件設定），収集したデータをどのように分析したのか（測定原理の妥当性）について，その利点や限界が明らかとなるように丁寧な説明をすることが重要です（康永 2016）。

　自然科学系のジャーナルでは，論文全体の流れやストーリーを遮らないために，本文中では研究手法の要点のみ説明しておき，詳細な実験手法については論文の最後に廻すことがあります。また，最近では，本文とは別ファイルの "Supplemental Material" の形で，実験手法の詳細を公開する電子ジャーナルも増えてきています。このように，Methodsはジャーナルによって記述形式が異なることもあるので，まずは，投稿規定と最新号に掲載された論文の形式をしっかり確認することが必要です。

　ですが，Methodsに書くべき情報そのものは，ジャーナル間で大きな違いはありません。「何を，どうやって，なぜ」を他の研究者が理解し，実験手法を再現できるように詳細を書くということは，どのジャーナルに投稿する場合も同じであるはずです。

　それでは，Methods は，どのような情報をどのような展開で構成すればよいのでしょうか。どのような Move で読み手を誘導すればよいのでしょうか。トップジャーナル *Nature Communications* 誌に掲載された実際の論文を使って，優れた書き手が Methods でどのように読み手を引き付け，どのように読み手を導いているかを分析してみましょう（ここに示す Methods は，前のセクションに掲載した Introduction の続きです）。

Methods の Move 分析

> 　次の文章は，Yu et al.（2019）＊ による論文の Methods です。著者らは Methods にどのような情報を盛り込んでいるでしょうか。どのような Move で読み手を導いているでしょうか。内容は十分に理解できなくて構いません。色付けされた言語的特徴に着目して分析してみてください。

Yu et al.（2019）のオリジナルの論文では，本文中（main text）では，研究手法の要約が簡潔に述べられ，データ解析方法（変数の定義，検定手法）などの詳細については，論文の最後に掲載されています。ここでは，本文中に書かれた Methods の内容を紹介しています。

The National Cancer Institute's NCI-60 cell lines are perhaps the most well-studied human cancer cell lines, and have been used for nearly three decades by both academic and industrial institutions for drug discovery and cancer biology research. The NCI-60 panel contains 60 human tumor cell lines representing nine human tumor types: leukemia, colon, lung, central nervous system, renal, melanoma, ovarian, breast, and prostate. Over 100,000 antitumor compounds have been screened using this cell line panel, generating the largest cancer pharmacology database worldwide. While this cell line panel has provided valuable insight into mechanisms of drug response and cancer biology, new large public molecular data sets allow us to compare the NCI-60 cell lines to primary tumor samples and propose more representative cell lines for an improved cancer cell line panel.

Move 1

　In this study, we compared transcriptomic profiles from cell lines and primary tumor samples across the 22 tumor types covered by both TCGA and CCLE. We observed the confounding effect of primary tumor sample purity in our analysis, and we adjusted for purity in our correlation analysis and differential expression analysis

Move 2

of cell lines and primary tumor samples. We found that cell-cycle-related pathways are consistently upregulated in cell lines, while immune pathways are consistently upregulated across the primary tumor samples. **Next, we classified cell lines into subtypes** across nine tumor types. **We then present our analysis of** pancreatic adenocarcinoma (PAAD) cell lines and primary tumor samples and show that we are able to identify a cell line that originated from a different cell-type lineage compared with the primary tumor samples. **We also analyzed** the other 21 tumor types and present our results as a web application and a resource to the cancer research community. **Last, we selected the cell lines that were the most correlated to their primary tumor samples** across 22 tumor types and **propose a new cell line panel,** the TCGA-110-CL, as a more appropriate and comprehensive panel for pan-cancer studies.

* Yu, K., Chen, B., Aran, D., Charalel, J., Yau, C., Wolf, D. M., van't Veer, L. J., Butte, A. J., Goldstein T., & Sirota, M. (2019). Comprehensive transcriptomic analysis of cell lines as models of primary tumors across 22 tumor types. *Nature Communications, 10*(3574), 1–11. （第一著者と責任著者より許諾を得て転載）

···《単語リスト》···

for nearly three decades：およそ 30 年間

contain A：A を含む

have been screened：（〜が）検査された

using A：A を使って

generating A：そして A を生み出した

most representative：最も代表的な

classify A into B：A を B に分類する

most correlated to A：A と最も相関関係がある

Methods を構成する Moves

　Methods では，「何を，どうやって，なぜ」行ったのかということを読み手が理解できるように作成しなければならない，ということを説明しました。そのために，どのような情報を盛り込み，どのような展開にすればよいのでしょうか。Yu et al. (2019) の論文では，Methods は，図 6 で示すように，本文中では大きく 2 つの Moves で構成され，データ解析方法に関する詳細については，論文の最後に廻すという構成になっていました。

Describing data sources
研究対象＊（データソース）について説明する

↓

Describing the procedures (how you collected and analyzed data)
研究手順＊について説明する

＊研究対象とは，実験材料（drugs, apparatus, buffets, etc.）または，研究参加者（patients, learners, animals, microorganisms, plants, etc.）を含む。
＊研究手順とは，「なにを，どのように，なぜ」行ったかの説明のことである。ジャーナルによっては，解析方法についての詳細な説明を論文の最後に廻すことがある。

図6　Methodsで読み手を導く Moves

このストーリー展開で読み手を効果的に導くために，Move 1 から Move 2 への展開を読み手に示す定型表現を身につけておくとよいでしょう。次のセクションに重要な定型表現を Move 別にまとめています。

Methods で読み手を導く重要表現

ここに掲載されている表現は，英語論文執筆支援ツール AWSuM（水本 2017; Mizumoto, Hamatani, & Imao 2017）に収録された論文コーパスより，各 Move で使用頻度の高い表現を抜粋したものです。

空欄→高等学校までの英語学習の復習を兼ねて，適切な語を書いてみてください。正答は巻末の解答を確認してください。

Move 1. 研究対象（データソース）について説明する

<table>
<tr><td rowspan="9">実験材料について説明する</td><td>Data* were collected / gathered from...</td><td>データは，…から収集された</td></tr>
<tr><td>Data were (o　　　　) from...</td><td>データは，…から<u>入手</u>された</td></tr>
<tr><td>Data were used to...</td><td>データは，…するために利用された</td></tr>
<tr><td>Data in this study came from...</td><td>本研究のデータは，…から収集された</td></tr>
<tr><td>The data in this study (c　　　　) of / were made up of / were comprised of four sources</td><td>本研究のデータは，4つのデータソースで<u>構成</u>された</td></tr>
<tr><td>Through the triangulation of various data sources, this study aims to...</td><td>様々なデータのトライアンギュレーションを通して，本研究は，…を目指す</td></tr>
<tr><td>The data sources included interviews, observations and surveys</td><td>そのデータソースとは，インタビュー，観察，質問紙調査を含んだ</td></tr>
<tr><td>We chose a wide variety of publicly available data</td><td>我々は，公的に利用可能な様々なデータを選んだ</td></tr>
<tr><td>We used the most recently available data from...</td><td>我々は…から利用できる最新のデータを使った</td></tr>
<tr><td rowspan="8">研究参加者について説明する</td><td>A total of 1,234 students (p　　　　) in the study</td><td>合計1,234人の学生が本研究に<u>参加</u>した</td></tr>
<tr><td>The participants were (s　　　　) on the basis of...</td><td>参加者は，…に基づいて<u>選ばれた</u></td></tr>
<tr><td>The participants were recruited through the author's personal connections</td><td>参加者は，著者の人脈を通してリクルートされた</td></tr>
<tr><td>The (c　　　　) for selecting patients were that...</td><td>参加者を選んだ<u>基準</u>は，…だった</td></tr>
<tr><td>The reason for selecting these groups was to...</td><td>これらのグループを選んだ理由は，…だった</td></tr>
<tr><td>The sample consisted of XX teachers and YY learners</td><td>サンプルはXX人の教師とYY人の学習者で構成された</td></tr>
<tr><td>The sample included U.S. citizens (aged 19 to 64 years)</td><td>サンプルにはアメリカ市民（19歳から64歳まで）が含まれた</td></tr>
<tr><td>The participants were aged between 20 and 59</td><td>参加者の年齢は20歳から59歳だった</td></tr>
</table>

Those aged between 18 and 25 years were (i) in the study	18 〜 25 歳の人が本研究に<u>参加した</u>（<u>含まれた</u>）。
The participants had been studying English for nearly six years (a) the time of the study	本研究が実施された<u>時点</u>で，参加者は約6年間英語を学んでいた
There were two cohorts of students in the sample	サンプルには 2 つの学生群が存在した
Of the cohort of 123 students, 66 were women and 57 men	123 人の学生群のうち，66 名が女性で 57 名が男性だった
The students were divided into two groups based on their performance on...	学生は，…の成績に基づいて 2 グループに分けられた。
Participants were randomly assigned to either an A group or a B group	参加者は，A 群か B 群のいずれかにランダムに振り分けられた
The participants were selected from urban, rural, and suburban high schools in an effort to ensure that the sample was (r) of the population	研究参加者は，母集団を忠実に<u>反映する</u>ように，都市部と農村部と郊外の高校から選定された
Of the original 59 patients, 9 were excluded because...	59 名の患者のうち，…という理由で 9 名が除外された
The two groups were comparable in (t) of their linguistic knowledge	その 2 グループは，言語知識<u>という点で</u>比較可能だった
We (o) for a small sample size on the basis of / due to...	我々は，…という理由で，少ないサンプル数を<u>選択した</u>

*data はラテン語に由来し，datum（単数形）の複数形の単語です。data は mass noun（質量名詞）であるため，話し言葉では，しばしば単数形の単語として扱われます。しかし，フォーマルな文体が求められる科学論文では，data は複数形扱いするのが主流です。

Move 2.　研究手順について説明する

研究タイプについて説明する	This study used mixed methods to understand...	本研究は…を理解するために混合研究法を用いた
	This study utilized SEM model to investigate...	本研究は…を調査するためにSEMモデルを用いた
	The present study focused on the impacts of X on Y	本研究は，XがYに与える影響に焦点を当てた
	In this study, we performed an intervention study to assess...	本研究において，我々は…を評価するために介入研究を実施した
	The analysis drew mainly on classroom observation data	分析は主に観察データに基づいていた
	A case study approach was deemed most suitable for this study	事例研究が本研究に最も適していると考えられた
	A qualitative approach was undertaken to analyze...	…を分析するため質的アプローチが使われた
	A quantitative approach was considered less effective	量的アプローチはあまり効果がないと考えられた
	This research involved a quantitative approach	本研究は量的アプローチを採用した
	The study used qualitative analysis in order to gain (i　　　　) into...	…について洞察・示唆を得るため，本研究は，質的分析を使用した
	Qualitative analysis was conducted in order to (s　　　　) the results of the quantitative analysis	量的分析の結果を補強するために質的分析が実施された
	A combination of qualitative and quantitative approaches was used to...	…のために，質的・量的の混合アプローチが使用された
	It was decided that the best procedure for this investigation was to...	この調査のための最善の手順は…だと決定された
	The X method is one of the most practical ways of...	Xメソッドは，…の最も実際的な手法の1つである

ある特定の研究手法を使う理由・目的について説明する	The aim / purpose of X analysis was to determine...	X 分析の目的は…を決定することだった
	The X analysis was used **with the aim of**... ing	…する目的で，X 分析が使われた
	The X test was performed **for the (p 　　　)of**... ing	…する目的で，X テストが実施された
	The X model was chosen / selected because/as...	…という理由で，X モデルが選ばれた
	The methodology was chosen / selected **due to** Y	Y という理由で，その方法論が選ばれた
	We opted for X approach **in order to**...	我々は，…するために X アプローチを選んだ
	It was decided to use the X analysis because...	…という理由で X 分析を使うことが決められた
	The final model was chosen **on the (b 　　　)of** Y	最終的なモデルは，Y に基づいて選ばれた
	This analysis enabled us to investigate...	この分析によって我々は…を調査することができた
	This method allowed us to assess...	この手法によって我々は…を評価することができた
	Regression analysis was used **to identify** possible predictors of X	X の予測因子を解明するため，回帰分析が使用された
	The Spearman correlation coefficient was calculated **to check** the correlation between X and Y	X と Y の相関を確認するため，スピアマン相関係数が算出された
	To examine the relationship between A and B, we analyzed...	A と B の関係を調べるため，我々は…を分析した
	To establish inter-rater reliability, the coding of X was performed...	評価者間信頼性を担保するため，X のコーディングが行われた
	To measure acquisition, three tests were used...	習得を測定するため，3 つのテストが使われた
	To determine whether..., we adopted a modified version of X	…かどうかを決定づけるため，我々は修正版 X を採用した

	To see if there were significant differences, the X test was carried out	有意差があるかどうか確かめるため，X テストが行われた
	To generate the random sequence, the X method was used	ランダムな連続を作成するため，X メソッドが使われた
	To control for task type effects, our measure of X was restricted to...	タスクタイプによる影響を調整するため，X の測定は…に限定された
	To compare performance under the two conditions, the X analysis was conducted	2つの状況下でのパフォーマンスを比較するため，X 分析が行われた
	To evaluate the effect size of X, Cohen's d was calculated	X の効果量を測定するため，Cohen's d が算出された
	To explore the participants' perceptions of X, the questionnaire was administered.	参加者の X に対する意識を調査するため，質問紙調査が実施された
	To assess the frequency of X, we adopted a six-point Likert scale ranging from 1 (strongly disagree) to 6 (strongly agree)	X の頻度を測定するため，我々は，1:（強く反対）から 6（強く賛成）までの 6 段階リッカート尺度を使った
研究手順について説明する	**Initially**, X was performed	まず最初に X が行われた
	As an initial step, X was conducted	まず最初のステップとして X が行われた
	In the initial step of X involved.... Then...	X の最初のステップでは…があった。それから，…
	During the first intervention period, we developed...	介入期間の最初の 5 ヶ月で，我々は…を開発した
	During the first few weeks, the participants completed...	最初の数週間，参加者は…を完成させた
	The next step was to conduct...	次のステップは…を行うことだった
	In the next step, we compute...	次のステップで，我々は…を計算した
	I conducted in-depth interviews, **one at the beginning** and **another at the end of the study**	深層面接法（綿密なインタビュー）を，まず研究の最初に，そして研究の最後に実施した
	At the end of the three weeks of observation, semi-structured interviews were conducted	3 週間の観察期間後に，半構造化インタビューが実施された
	Audio data were transcribed **prior to** analysis	分析の前に，オーディオデータが文字化された

84

	A questionnaire **prior to** the interview collected information on demographic characteristics	インタビューの前に実施されるアンケート調査は，デモグラフィック特性についての情報を収集した
	Participants were asked to complete daily diaries **in the two weeks before**...	参加者は，…の前の2週間の間，毎日日記をつけるよう求められた
	Before conduct**ing** the formal survey, we administered a pre-test	正式な調査を行う前に，プレテストを実施した
	(S), these functions were tested	その後，これらの機能がテストされた
	Afterwards, participants were asked to report...	その後，参加者は…を報告するように指示された
	Following this procedure, participants were instructed to choose...	この手続きの後，参加者は…を選ぶよう指示された
	Once the number of factors were identified, X analysis was run...	いったん因子の数が特定されれば，X分析が実行された
	The same procedure was **then** repeated in an attempt to...	その後，…に向けて，同じ手続きが繰り返された
	Finally, the resulting categories were used to...	最後に，結果として生じたカテゴリーが使用された
研究デザインの上で注意した点について説明する	**Great care was taken to** ensure that...	…が必ず起きるよう多大な注意が払われた
	Considerable care was taken to control potentially confounding variables...	潜在的な交絡因子を調整するため，多大な注意が払われた
	Particular / special attention was paid to X	特にXには注意が払われた
	The trial was conducted **in accordance with** the X guidelines	治験は，Xガイドラインに従って行われた
	It should be noted that the raters who analyzed the data did not know which group was the intervention and control group	データ分析をする評価者は，どちらが実験群でどちらが統制群なのか知らされていなかった，という点は重要である（明記されるべきである）

第 5 章

Results で
どのように読み手を導くか

Key Question 6

「研究結果は論理的に提示せよ」とは，

つまりどういうこと？

Results の役割

　Results（研究結果）は，研究目的に沿ってデザインした研究手法によって得た発見（findings）について記述するセクションです。報告しなければならないポイントが多ければ多いほど，このセクションを論理的にまとめることは難しくなります。書き手本人は，研究目的から研究手法のデザインまでのプロセスを全て知っているので，「せっかく苦労して行った実験だから」と，つい，得られた実験結果を 1 つひとつ読者に伝えようとし，本来の研究テーマや研究目的と直接関係のないことにまで言及してしまいがちです。その結果，実験の手順通りに，時系列的に（chronologically）情報を羅列してしまい，読み手を混乱させるということもしばしば起こります。その理由は，「時系列（chronologically）」は必ずしも，読み手にとって「論理的（logically）」ではないからです。Results では，研究目的と直接関係のある実験結果のみを選択し，最初に設定した問い（リサーチクエスチョン）に答える形で，ストーリーとして記述することが重要です。言い換えると，Results の記述は，単なる実験結果の羅列ではなく，それがどうリサーチクスチョンに答えうるのか，それがどう Introduction で提起した問題と関連するのかの「論理」を読み手に分かりやすく示す必要があります。*Nature Physics* の Senior Editor，Bart Verback 氏も，Results は時系列的にではなく論理的に，すべてを網羅しようとするのではなくナラティブに（ストーリー・テリングのように）書くことを奨めています。

> Remember to not just dump all the data you have. Make sure to point out key features of the data in connection to the channel, aim or goal of your study.... it's a good idea to present your data, your results, logically, which is not necessarily chronologically. And also make sure that you stress really the most important features of your results. Again, don't present a list with everything and also make sure you have a narrative in this section, that you help the reader going through all of this.

（Verback 2019）下線は筆者による。

　実験結果の種類によっては，文字だけでなく，図表（Figures / Tables）等の視覚的ツールを活用した方が読み手にとって理解しやすい場合も多いです。本文の説明だけでは読み手に実験結果の重要性が伝わらない場合は，図表を活用しましょう。ただし，基本的に，図表は，self-explanatory（本文を参照しなくてもそれだけで理解できないといけない）であることが求められます。図表の内容を理解するために，度々本文に戻らなければならないというような書き方は避けなければなりません。各図表のタイトルの見直し，脚注の追加などを通してそれだけで内容が読み手に伝わるような図表を作ることが大切です。

　その際，実験結果を伝えるストーリーの流れを遮らないよう，読み手を本文から図表へとうまく誘導する技も必要です。ジャーナルにより形式が異なることがありますが，下記，図7に示したような定型表現を使うことで，読み手を本文から図表へとうまく導くことができます。

| Table 1
Figure 1 | shows
demonstrates
indicates
illustrates
outlines
presents
summarizes | the results of the X analysis |

| The results of the X analysis | are shown
are demonstrated
are indicated
are illustrated
are outlined
are presented
are summarized | in Table 1
in Figure 1 |

| As shown in Table 1
As demonstrated in Table 1
As indicated in Table 1
As can be seen from Figure 1
It can be summarized from the data in Table 1 that
From the figure above, we can summarize that | the group X performed significantly better than the other two groups |

図7　図表へと読み手を導く定型表現

　ジャーナルによっては，センテンスの最後に（Table 1），（Figure 1）というように，括弧書きを置くことを指定している場合があります。*Nature* 系のジャーナルではこの形式が使われることが多く，本著で優れた科学論文のモデルとして使用している Yu et al.（2019）では，図表への誘導はすべて文末の括弧の中で行われています。

　それでは，トップジャーナル *Nature Communications* 誌に掲載された実際の論文を使って，優れた書き手が Results でどのように読み手を引き付け，どのように読み手を導いているかを分析してみましょう（ここに示す Results は，前のセクションに掲載した Introduction と Methods の続きになります）。

Results の Move 分析

次の文章は，Yu et al.（2019）＊による論文の Results です。著者らは Results にどのような情報を盛り込んでいるでしょうか。どのような Move で読み手を導いているでしょうか。内容は十分に理解できなくて構いません。色付けされた言語的特徴に着目して分析してみてください。

Pan-cancer comparison of expression profiles

　We compared RNA-seq profiles from 8282 primary tumors from TCGA with 666 cell lines from CCLE across 22 overlapping tumor types. Primary tumors were used in all tumor types except for SKCM, in which case the metastatic tumors were included because the SKCM TCGA cohort was primarily focused on metastatic tumors. We normalized counts using the upper-quartile method and corrected for batch effects related to different sequencing platforms using ComBat (Fig. 1a). For each tumor type, we then adjusted for tumor purity in the primary tumor samples and calculated correlation coefficients between primary tumor samples and cell lines using the 5000 most variable genes, as these genes are the most likely to be biologically informative (see the Methods section). To understand the biological processes captured by the 5000 most variable genes, we performed gene ontology analysis on the top 10% of genes driving the correlations in each tumor type.

Move 1

We found that the median correlation coefficients between cell lines and their matched tumor samples were relatively consistent across tumor types, from 0.66 in head and neck squamous cell carcinoma (HNSC) to 0.49 in liver hepatocellular carcinoma (Fig. 1b). Within tumor types, the correlation coefficient ranges were largest in PAAD (0.29–0.76), LUSC (0.32–0.79), and LIHC (0.26–0.72). This finding reflects the amount of heterogeneity within each tumor type, suggesting that some primary tumor samples are well matched with cell lines, while others may lack representative cell line models.

Our clustering analysis of cell line and primary tumors correlation coefficients largely captured known biological relationships between the tumor types (Fig. 1c). The first split in our clustering analysis identified the large difference between hematopoietic tumor types and solid tumor types, previously shown in other studies. Within the solid tumor cluster, tumor types from similar cell of origin generally clustered together, such as ovarian serous cystadenocarcinoma (OV) and uterine corpus endometrial carcinoma (UCEC), glioblastoma (GBM) and lower grade glioma (LGG), and esophageal carcinoma (ESCA) and HNSC.

Interestingly, we observed that sometimes the highest correlation coefficients are not necessarily between cell line and primary tumor samples from the same tumor type. In fact, it was found that in 8/22 tumor types, primary tumor samples had higher correlation coefficients with other tumor cell lines than their own. These tumor types are BLCA (highest correlation with HNSC), CHOL (highest correlation with LIHC), ESCA (highest correlation with HNSC), LGG (highest correlation with GBM), STAD (highest correlation with COADREAD), LUSC (highest correlation with HNSC), LUAD (highest correlation with PAAD), and UCEC (highest correlation with OV). While this may indicate poor differentiation in the cell lines or primary tumor sample or lack of appropriate cell line models, this suggests that many of these tumor types had higher correlations with a related tumor type (e.g., LGG and GBM, STAD and COADREAD, UCEC and OV, ESCA and HNSC).

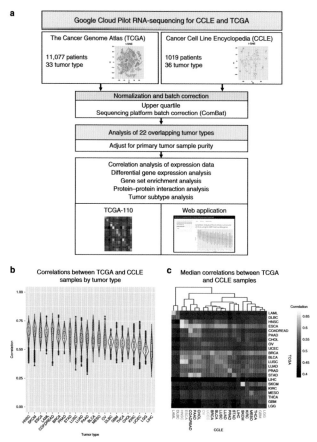

Fig. 1 Pan-cancer analysis of cell lines and matching primary tumor samples. **a** Study design. RNA-seq data were downloaded from the Google Cloud Pilot RNA-sequencing for CCLE and TCGA project for 22 cancer types that overlapped between the CCLE and TCGA data sets. The data were normalized, batch corrected, and adjusted for tumor purity during the analysis. **b** Correlation analysis of the CCLE and TCGA data. Each sample in the violin plot corresponds to the Spearman correlation between one cell line and one primary tumor sample using the 5000 most variable genes. In the overlaid boxplot, the red center line depicts the median, the box limits depict the upper and lower quartiles, and the whiskers depict 1.5 times the interquartile range. **c** Heatmap of median correlations between all tumor types in CCLE compared with all tumor types in TCGA

Tumor purity drives primary tumor and cell line differences

To explore the differences between cell lines and primary tumor samples, we initially performed our correlation and differential gene expression analysis across all 22 tumor types, without accounting for tumor purity of the primary tumor samples (Fig. 2a). In our correlation analysis, we compared the cell line correlations with primary tumor samples in the top quartile of tumor purity to the cell line correlations with primary tumor samples in the bottom quartile of tumor purity for the 20 solid tumor types for which we have tumor purity information (Fig. 2a).

We found that in 75% (15/20) of these tumor types, the cell lines were significantly

Move 1

Move 2

more correlated with primary tumor samples in the top quartile of purity compared with the primary tumor samples in the bottom quartile of purity. This finding shows that the individual correlation coefficients are reflecting, to a certain extent, the amount of non-tumor cells present in the primary tumor samples.

Similarly, we found a significant positive relationship (R=0.17, p-value<2.2e-16) **between** primary tumor sample purity and the cell line-primary tumor correlation coefficients, suggesting that tumor purity is a confounder in our correlation analysis.

Furthermore, when we performed Gene Set Enrichment Analysis (GSEA) on the differential expression results using the hallmark gene sets from the MSigDB Collections and the hallmarks of cancer pathways, **we saw that** the gene sets involved in immune processes are consistently upregulated in primary tumor samples, suggesting that the largest biological signal from the TCGA samples can likely be attributed to the immune cell infiltrate that are present in the primary tumor samples and absent in the pure cell line populations.

After adjusting for primary tumor sample purity in our correlation analysis, **we confirmed that there was no longer a significant positive relationship between** primary tumor sample purity and cell line-primary tumor correlation coefficients (R=−0.02, p-value<2.2e-16). **In addition, we found that only one tumor type (LGG) retained significantly higher correlations between** cell lines and the primary tumor samples in the top quartile of purity compared with cell lines and primary tumor samples in the bottom quartile of purity. We then performed differential expression analysis using tumor purity as a covariate to explore differences in cancer cell biology, while minimizing the influence of tumor infiltrating cells. **It was found that** the number of differentially expressed genes ranged from 1157 in esophageal carcinoma (ESCA) to 4076 in low-grade glioma (LGG). **We identified** 87 genes that were upregulated in primary tumor samples across 20 of the tumor types analyzed, **and we found** a significant number of interactions among these genes (PPI enrichment p-value<1.0e-16) (**Fig. 2b**). This PPI network was enriched for genes in the immune response pathway (false discovery rate=5.51e-06). These results suggest that we were not fully able to remove the contribution of the immune infiltrate. However, the GSEA results show a much weaker enrichment of immunological pathways upregulated in the primary tumor samples (Fig. 2c, d).

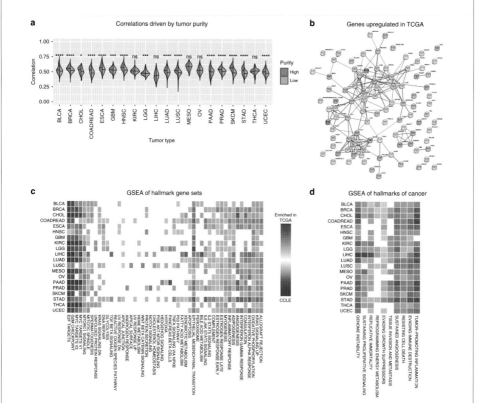

Fig. 2 Primary tumor sample/cell line correlations driven by tumor purity. **a** Correlations between cell lines and high purity primary tumor samples (red) are significantly higher than correlations between cell lines and low purity primary tumor samples (turquoise) in 15/20 tumor types using the one-sided Wilcoxon test. *P*-values are indicated by symbols above the violin plots with ns corresponding to *p*-value > 0.05, one star corresponding to *p*-value < = 0.05, two stars corresponding to *p*-value < = 0.01, three stars corresponding to *p*-value < = 0.001, and four stars corresponding to *p*-value < = 0.0001. The median correlation coefficients are depicted by the horizontal black lines in the violin plots. **b** STRING analysis of protein–protein interactions for the 95 genes upregulated in primary tumor samples in all 20 of the analyzed tumor types (PPI enrichment *p*-value < 1.0e-16). Line thickness denotes confidence of the interaction, and only high confidence interactions are shown. The PPI network is enriched for immune response pathway genes (false discovery rate = 5.51e-06). **c** Gene Set Enrichment Analysis (GSEA) between primary tumor samples and cell lines using hallmark gene sets from MSigDB. NES are shown for pathways with FDR < 5%. Blue boxes indicate enrichment in cell lines, and red boxes indicate enrichment in primary tumor samples. Gene sets related to cell-cycle progression are enriched in cell lines across tumor types, and immune pathways are enriched in primary tumors. **d** GSEA of hallmarks of cancer pathways. Genome instability is enriched in cell lines across all tumor types, and tumor-promoting inflammation is enriched in primary tumors

…《単語リスト》……………………………………………………………………………………………

normalize A：A を標準化する

correct for A：A を補正する

consistent across A：A の間で一貫していた

correlation coefficient ranges : 相関係数の幅

clustering analysis : クラスター分析

While S' V'..., S V 〜 : S'V'…の一方で，SV 〜

had higher correlation with A : A と高い相関があった

Results を構成する Moves

　Resultsは，得られた結果を単に羅列するのではなく，それがIntroductionで提起した問題や設定した問い（リサーチクエスチョン）とどう関係するのかという「論理」を示す必要があると説明しました。つまり，単に実験結果をそのデータを得た順序に時系列に報告するのではなく，それまでに行ってきた議論と関連づけた上で，情報を整理して論理的に説明する必要があるということです。そのために，Resultsは，どのような展開や流れで読み手を導けばよいのでしょうか。Yu et al. (2019) の論文では，図8に示すように，研究方法について簡潔に説明する（Move 1）→ 研究結果について報告する（Move 2）→ 研究結果についてコメントする（研究結果が序論で提起した問題やリサーチクエスチョンとどう関係するのかについてのコメント）（Move 3）という大きく 3 つの Moves で Results が構成されていました。また，研究結果をポイント別（リサーチクエスチョン別）に分け，各ポイントごとに結果を報告する（Move 2）→ その結果についてコメントする（Move 3）という流れをポイントの数だけ繰り返していました。

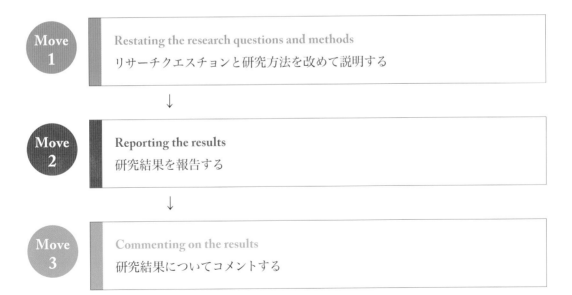

図8　Resultsで読み手を導く Moves

この3つのMoveがポイント別（リサーチクエスチョン別）に繰り返されるため，Results内の各パラグラフは，多くの場合，次の図9で示されたような展開になります。

To investigate [aim]	we investigated [method]
We found [the first key feature of the results (table / figure)].	
This suggests [comments about these results].	

↓

We found [the second key feature of the results (table / figure)].
This suggests [comments about these results].

↓

We found [the third key feature of the results (table / figure)].
This suggests [comments about these results].

図9　Resultsのストーリー展開（Surridge 2019）

このストーリー展開で読み手を効果的に導くために，Move 1からMove 3への展開を読み手に示す定型表現を身につけておくとよいでしょう。次のセクションに重要な定型表現を目的別にまとめています。

Results で読み手を導く重要表現

ここに掲載されている表現は，英語論文執筆支援ツールAWSuM（水本 2017; Mizumoto, Hamatani, & Imao 2017）に収録された論文コーパスより，各Moveで使用頻度の高い表現を抜粋したものです。

空欄→高等学校までの英語学習の復習を兼ねて，適切な語を書いてみてください。正答は巻末の解答を確認してください。

Move 1. 研究目的と手法を簡潔に説明する

Methodsの定型表現も参考にしてください。

研究目的について簡潔に説明する	This study sought to investigate...	本研究は…を調査することを目的とした
	This study (a) to investigate...	
	The primary research question was to investigate...	主要なリサーチクエスチョンは…を調査することだった
	The first set of our research question was to investigate...	我々の1つ目のリサーチクエスチョンは…を調査することだった
	The aim of research question one was to examine...	リサーチクエスチョン（1）の目的は…を調査することだった
	The first goal of this study was to examine...	本研究の1つ目の目的は…を調査することだった
	The main (p) of this study was to examine...	本研究の主要な目的は…を調査することだった
研究手法について簡潔に説明する	To assess / measure / compare / determine / evaluate / examine / investigate / explore / identify / predict X, ...	Xを測定／比較／決定／評価／調査／発見／予測するため，…
	Y analysis was conducted / carried out / performed	Y分析が行われた
	The interview was conducted / carried out / administered / undertaken /	インタビューが行われた
	The questionnaire was conducted / administered	アンケート調査が行われた

Move 2. 研究結果を報告する

<table>
<tr><td rowspan="10">発見したこと（findings）について報告する</td><td>We found that...</td><td>我々は，…であることを発見した</td></tr>
<tr><td>We identified X</td><td rowspan="2">我々は，X を<u>発見した</u></td></tr>
<tr><td>We (d   ) X</td></tr>
<tr><td>We saw X</td><td rowspan="2">我々は，X を<u>観察した</u></td></tr>
<tr><td>We (o   ) X</td></tr>
<tr><td>It was found that...</td><td>…であることが発見された</td></tr>
<tr><td>The results showed / demonstrated / illustrated / indicated / suggested / reflected that...</td><td>結果は，…であることを示した</td></tr>
<tr><td>These tests (r   ) that...</td><td>これらのテストは，…を<u>明らかにした</u></td></tr>
<tr><td>Further analysis showed...</td><td>さらなる分析は，…を示した</td></tr>
<tr><td rowspan="6">X と Y の関係の有無を報告する</td><td>There was a significant positive correlation between X and Y</td><td>X と Y の間には有意な相関関係があった</td></tr>
<tr><td>There was a statistically significant relationship X and Y with (r   ) to Z</td><td><u>Z の点で</u>，X と Y の間に統計的に有意な関係があった</td></tr>
<tr><td>There were no significant differences between X and Y in (t   ) of Z</td><td>Z において，X と Y の間には有意な差はなかった</td></tr>
<tr><td>No significant difference was detected / observed between X and Y</td><td>X と Y の間に有意な差は発見／観察されなかった</td></tr>
<tr><td>None of these differences were statistically significant</td><td>これらの差のどれも統計的には有意ではなかった</td></tr>
<tr><td>Overall, our results show that X had a significant influence on Y</td><td>全体として，我々の調査結果は，X は Y に対して有意な影響を及ぼすことを示している</td></tr>
</table>

傾向について報告する（断定度を弱めて報告する）	X had a tendency to...	Xは…する傾向があった
	There was a tendency for X to...	Xが…する傾向があった
	We confirmed the participants' tendency to...	我々は，参加者が…する傾向があることを確認した
	X demonstrated a higher tendency than Y to...	XはYよりも…する傾向が高いことが分かった
	There was a general tendency toward X	Xよりの一般的な傾向があった
	There were some tendencies toward X	Xよりのいくつかの傾向があった
	Several tendencies were observed	いくつかの傾向が観察された
	Certain tendencies could be observed	一定の傾向が観察できた
	There were no clear tendencies in terms of X	Xの観点では明確な傾向はなかった
	X tended to increase / decrease	Xは増加／減少する傾向があった
	X tended to have a higher / lower level of Y	Xは高い／低いYレベルを持つ傾向があった
	X was more likely to be associated with Y than other participants who...	Xは他の参加者よりもYと関係があるようだった
	X was less likely to have a history of smoking than Y	XはYよりも喫煙歴が少ないようだった
	It is likely that a number of factors contributed to X	多くの要因がXに寄与していたと言えそうだ
	It could be argued that X may have caused Y	XがYを引き起こしたかもしれないと主張できそうだ
	The increase was not statistically significant possibly because of X	Xは，恐らく可能性としてはYと関係していると考えられた
	The adverse effects were considered probably or possibly related to Y	逆の効果は，恐らく可能性としてはYと関係していると考えられた

図表に基づいて結果を報告する		Table X / Figure X shows / presents / represents / demonstrates / illustrates / describes/ indicates /summarizes / depicts that...	表X ／図Xは…を示している
		...is/are shown / presented / represented / demonstrated / illustrated / described / indicated / summarized / depicted in Table X / Figure X	…は表X／図Xに示されている
		As can be seen from Table X / Figure X...	表X ／図Xからわかるように
図表の結果から重要なポイントを強調する		From the table, it could be inferred that...	その表から，…ということが推測できそうである
		It is evident from the table that...	その表から，…ということは明白である
		From the data presented in Figure X, it is apparent that...	図Xで示されたデータから，…ということは明白である
		From the figure, we can see that...	その図から，…であることが分かる
		From this figure, it can be argued that...	この図から…であると主張できる
		The key observation from the figure is that...	その図から言える重要な観察は…ということである
		The most interesting aspect of this graph is...	このグラフで最も興味深い点は…である
		In Figure X, there is a clear tendency of decreasing...	図Xでは，…の減少についてはっきりとした傾向が読み取れる
		The differences between X and Y are highlighted in Table 1	表1では，XとYの違いが明確である

Move 3. 研究結果についてコメントする

結果がすでに提起した問題や問いの観点からどのような意味を持つのか説明する	These findings demonstrate / illustrate / indicate / reflect / show / suggest that...	これらの発見は…ということを示している
	These findings seem to suggest that...	これらの発見は…ということを示しているように見える
	These findings (c　　　) our hypothesis that...	これらの発見は…という我々の仮説を裏付けている
	As a result of these findings, we suggest that...	これらの発見から，我々は…ということを示す
	S+V..., suggesting that...	〜。このことは…を示している
	S+V..., indicating that...	〜。このことは…を示している
	S+V..., implying that...	〜。このことは…を示唆している
	(T　　) together, the results indicate that...	総合すれば，その結果は…ということを示している
結果の重要性を強調する	It is worth noting that...	…であることは注目に値する
	It should be noted that...	…であることに注目すべきだ
	Other points worth noting here are that...	ここで注目すべき別のポイントは…ということである
	Of particular importance were that...	特に重要なことは…ということだった
	Of particular interest here is that...	ここで特に興味深い点は…ということである
	Of particular note is that...	特に注目に値するのは…ということである
	Of particular relevance is that...	特に関係があるのは…ということである
	This finding is noteworthy (g　　　) that...	この発見は，…ということを考えると注目に値する
	Particularly noteworthy in the findings was that...	その発見の中で特に注目に値することは…ということだった
	Importantly / Crucially, the results show that...	重要なことに，その結果は…を示している

Most importantly, the results show...	最も重要なことに，その結果は…を示している
The most striking result to emerge from the data is that...	データからわかる最も重要な結果は…だということである
Even more remarkable was that...	さらに注目に値するのは…ということだった
These remarkable results reveal that...	これらの顕著な結果は…ということを明らかにしている
X was remarkably high / low / robust / similar / stable	X は顕著に高かった／低かった／強固だった／類似していた／安定していた／
What was particularly intriguing was that...	特に興味深いことは…ということだった
A more intriguing finding is that...	さらに興味深い発見は…ということである
The significant difference between X and Y is of particular interest	X と Y の有意な差は特に興味深い
The finding confirms / reinforces / validates the usefulness of X	この発見は X の有効性の妥当性を高めている
What was surprising was that... Surprisingly, ...	驚いたことは…であった 驚いたことに…
X was surprisingly large / low / strong / similar...	X は驚くほど高かった／低かった／強かった／類似していた

第6章

Discussion で
どのように読み手を導くか

Key Question 7

「あなたの論文は実験結果が書かれているだけで 考察がない」とは，つまりどういうこと？

Discussion の役割：「良い考察」とは？

　Discussion（考察）は，研究の結果得られた知見が，その分野・領域において（あるいはもっと広く一般社会への還元を目指す研究もあります），どのような「意味」や「価値」を持つのか，どのような「貢献」をするのかについて説明するセクションです。これは，研究の一連のプロセス（デザインからデータ収集・分析まで）を担当した一研究者として，得られた結果について「解釈」をする，と言い換えることもできます。結果についての解釈は，関連する先行研究と比較・対照しながら行うという点が重要です。繰り返しになりますが，学術的な研究とは，先行研究で蓄積された知を土台にして，新たな知を創造することを目的に実施されるものだからです。一研究者としての解釈の根拠となる先行研究を適切に引用しつつ，下記の4つの点について，読み手に向けて丁寧に説明することが必要です。

- 先行研究と一致する点，一致しない点を整理する。
- 先行研究と比較して，自身の研究のどこに新規性があるのか強調する。
- 当該分野・領域において，自身の研究がどのような貢献をしうるのか議論する。
- 自身の研究の限界点を指摘し，将来の展望について説明する。

Results でどれだけ重要な発見を報告していても，Discussion で丁寧な考察ができていなければ，研究結果の重要性が読み手に十分に伝わりません。論文執筆経験が豊富なベテランの研究者でも，査読者から Discussion 部分の修正を求められることが多いのはこのためです。

　それでは，上記の4点を含む考察をどのようなストーリー展開で書けばよいのでしょうか。トップジャーナル *Nature Communications* 誌に掲載された実際の論文を使って，優れた書き手が Discussion でどのように読み手を引き付け，どのように読み手を導いているかを分析してみましょう（ここに示す Discussion は，前のセクションに掲載した Introduction と Methods と Results の続きになります）。

Discussion の Move 分析

次の文章は，Yu et al.（2019）*による論文の Discussion です。著者らは Discussion にどのような情報を盛り込んでいるでしょうか。どのような Move で読み手を導いているでしょうか。内容は十分に理解できなくて構いません。色付けされた言語的特徴に着目して分析してみてください。

While cell lines have commonly been used as models of primary tumors in cancer research, it has been shown that cell lines differ from primary tumors in biologically significant ways and not all cell lines may be appropriate as preclinical models of cancer. **Previous studies have demonstrated that** the molecular profiles of cell lines from the same tumor type can differ widely and some cell lines more closely model their primary tumors than others. **In this study, we used publicly available transcriptomic data to perform a comprehensive pan-cancer analysis** across 22 tumor types. **By so doing, we aimed to provide a resource for researchers to select appropriate cell lines** for their tumor-specific studies.

Move 1

Move 2

Our analysis revealed that primary tumor and cell line correlations did not vary widely across tumor types. **The results showed that** clustering tumor types by correlations between primary tumor samples and cell lines generally grouped similar tumor types together. **It is important to note that** the primary tumor samples in 8/22 tumor types **have higher correlation coefficients with** cell lines from other tumor types **than** cell lines from their own tumor type. These tumor types may contain poorly differentiated samples, which would make it difficult to distinguish them from other tumor types using transcriptomics alone.

Move 3

We identified primary tumor sample purity as a significant confounder in our correlation and differential expression analysis, **and showed that** we are largely able to remove the confounding effect of tumor purity in our analysis. **After correcting for primary tumor purity, we found** a significantly lower enrichment of immune pathways among the primary tumor samples in our GSEA analysis. **We found that** cell-cycle-related pathways are consistently upregulated in cell lines across all tumor types, **perhaps reflecting** in vitro culturing conditions.

Based on the results of our study, we propose a comprehensive cell line panel, namely, the TCGA-110-CL cell line panel as a resource for pan-cancer studies. It encompasses 22 different tumor types and contains the cell lines most correlated with their primary tumor samples. Such comprehensive cell line panel has not been used in previous research and will therefore help researchers to select more representative cell line models. We hope that using more appropriate cell line models for cancer studies will allow the research community to better understand cancer biology. We thus hope that our study will improve our ability to translate cell line findings into clinically relevant therapies for patients.

Move 4

There are several limitations of our study that should be recognized. Although we were not able to match all of the cell lines from CCLE to primary tumor samples in TCGA, we were able to match a majority of the cell lines (71%) to a corresponding primary tumor type, and we provide analysis for less common tumor types whose cell lines have not been well studied. In addition, although our cell line findings lack experimental validation, our findings were highly correlated to previous publications, and we were able to identify a pancreatic cell line that was derived from a neuroendocrine tumor rather than a PAAD. Last, the focus of our study was on transcriptomics which is only one potential metric for determining cell line suitability, depending on the research question being asked.

Move 5

However, we believe this study is a valuable general resource for researchers who can, for example, use it to identify potentially problematic cell lines that may not be representative of the primary tumors they are studying. In future studies, we hope to integrate other types of molecular data such as mutation, copy number alteration, and methylation profiles to provide a multi-omic comparison of cell lines and primary tumor samples. In particular, genomic alterations are important for targeted therapies, which act on specific mutant isoforms and we hope to incorporate this information in our future cell line studies.

Move 6

Move 7

* Yu, K., Chen, B., Aran, D., Charalel, J., Yau, C., Wolf, D. M., van't Veer, L. J., Butte, A. J., Goldstein T., & Sirota, M. (2019). Comprehensive transcriptomic analysis of cell lines as models of primary tumors across 22 tumor types. *Nature Communications, 10*(3574), 1–11. （第一著者と責任著者より許諾を得て転載）

* 教材用に一部修正しています。

* 引用文献を示す番号（右上添え字）は省いています。

···《単語リスト》··

　While S’ V’…, S V 〜：S’ V’…の一方で，SV 〜

　ovarian cancer：卵巣癌

　liver cancer：肝臓癌

　leverage A：Aを活用する

　propose A：Aを提案する

　namely：言い換えると，つまり

　more representative：より代表的な

　several limitations：いくつかの限界点，欠点

　should be recognized：認識しておくべき

　experimental validation：実験の検証

　potential metric：ポテンシャルのある測定基準

　valuable：価値のある，重要な

Discussion を構成する Moves

　Discussionは，研究の結果得られた知見が，その分野・領域において，どのような「意味」や「価値」を持つのか，どのような「新規性」があり，どのような「貢献」をするのかについて，書き手（研究者本人）が「解釈」をし，その「解釈」を読み手に向けて説得的に述べるセクションであると説明しました。この「解釈」がすなわち「考察」であり，深い考察に支えられたDiscussionは，科学論文の質を決める鍵となります。

　Discussion は（このセクションに Conclusion が含まれている場合は），しばしば，飛び立った飛行機が着地するポイントにも例えられます。Introduction（離陸）→ Methods（徐々に上昇）→ Results（安定飛行）→ Discussion（降下から着陸へ）です。文章は長くなればなるほど，書き手にとって着地点を定めることが難しくなります。どのような着地をするか，あらかじめしっかりとしたプランを立てていなければ，着地に失敗した文章，言い換えると，飛び立ったまま戻ってこない「要点の掴めない文章」となってしまいます。科学論文は，Discussion が長いストーリーの着地点となります。飛び立ったままの文章で終わらないよう，読み手を着地点へとスムーズに誘導することが論文の成功の鍵です。

　Yu et al.（2019）は，次の図10に示すように，大きく7つの Moves で Discussion を構成し，読み手を着地点へと導いていました。

図 10　Discussion で読み手を導く Moves

　Move 1，Move 2，Move 3 は，Introduction → Methods → Results で述べてきた内容の要約になります。すでに報告した内容を，同じ文章や同じ単語の繰り返しにならないよう，ポイントを抽出して「要約」することが重要です。

　Move 4 は，本研究の重要性を読み手に伝える最も重要なセクションです。先行研究との違いに触れながら，本研究がどのような点で新しいのか，どのような新たな知見を創造するのか，その知見がどこにどのような形で貢献するのかを説得的に説明します。

　Discussion では，本研究の限界点を自らが認識できている点を読み手に伝えることも重要で

す。これがMove 5になります。"Every study, no matter how well it is conducted and constructed, has limitations."（Simon & Goes, 2013）としばしば言われる通り，1つの研究が全世界のあらゆる現象やあらゆる研究参加者を対象にして，あらゆる状況に一般化できる結果を得ることはほぼ不可能です。したがって，自身の研究結果はどの範囲まで応用や還元が可能で，どこからが範囲外なのかについて，範囲（scope）と限界点（limitations）を明確に提示することが必要です。これは，同じコミュニティに属する研究者への配慮や礼儀でもあるとされており（Hyland 2005），書かれていない場合は査読者の評価が悪くなる可能性があります。

「限界点を述べる」ということはDiscussionで重要な要素ですが，論文という長いストーリーが限界点を述べて終わりというのは説得力がありません。Yu et al. (2019) のDiscussionでも，Move 5で終わっていない点が重要です。Yu et al. は，自らの研究の限界点を指摘した後で，"However, we believe this study is a valuable general resource for researchers..."（しかしながら，我々は本研究が研究者にとっての有益なリソースであることを信じる…）というように，限界点を封じ込めた上で，再度，研究の意義を強調しています（Move 6）。このように，トップジャーナルに掲載される良質な論文では，「限界点はあるにも関わらず，本研究は〜という点（範囲）で意義があるのだ」というような譲歩のレトリック（批判的な見解を封じ込めるレトリック）がしばしば用いられます。

その後，本研究の限界点を今後の課題とし，将来必要な研究の方向性を指摘します（Move 7）。ここでは，自身が研究したい内容というより，同じ分野・領域に属する研究者に対する将来の研究の示唆という視点で記述することが大切です。科学論文とは，研究者同士のコミュニケーションのツールです。読み手に向けて今後の継続的な研究の必要性を訴えることで，読み手を導き，読み手を引き付けるスムーズな着地につながるはずです。

このストーリー展開で読み手を効果的に導くために，Move 1からMove 7への展開を読み手に示す定型表現を身につけておくとよいでしょう。次のセクションに重要な定型表現をMove別にまとめています。

Discussionで読み手を導く重要表現

ここに掲載されている表現は，英語論文執筆支援ツールAWSuM（水本 2017; Mizumoto, Hamatani, & Imao 2017）に収録された論文コーパスより，各Moveで使用頻度の高い表現を抜粋したものです。

空欄→高等学校までの英語学習の復習を兼ねて，適切な語を書いてみてください。正答は巻末の解答を確認してください。

Move 1. 本研究の背景を簡潔に説明する

Introduction の Move 1 の定型表現も参考にしてください。

先行研究について言及する	Previous studies have shown that...	先行研究は，…ということを示してきた
	Several studies have shown that...	いくつかの研究は，…ということを示してきた
	A number of studies have demonstrated that...	多くの研究が…ということを示してきた
	It has been shown that...	…ということが示されてきた
	Previously, X has been reported...	先行研究では，X が報告されてきた
	While X has been discussed, little is known about Y	X については議論されてきたものの，Y についてはほとんど知られていない

Move 2. 本研究の目的と手法を簡潔に説明する

Methods と Results の定型表現も参考にしてください。

研究の目的について簡潔に述べる	In this study, we aimed to / sought to...	本研究で，我々は，…することを目的とした
	The purpose / aim / goal / objective of this study was to...	本研究の目的は，…することだった
	The present study was designed to...	本研究は，…するためにデザインされた
	The present study was conducted to...	本研究は，…するために実施された
	The primary / main aim of this study was to...	本研究の主要な目的は，…することだった
	In the present study, we investigated...	本研究で我々は，…を調査した
研究の手法について簡潔に述べる	In this study, we used / conducted / carried out / performed / undertook...	本研究で，我々は，…を使った／実施した／行った
	In this study we assessed / measured / compared / evaluated / examined / investigated / explored...	本研究で，我々は，…を測定した／比較した／評価した／調査した

Move 3. 本研究の結果を要約する

Resultsの定型表現も参考にしてください。

発見（findings）について要約する	We found that...	我々は，…であることを発見した
	We identified X	我々は，Xを発見した
	We observed / saw X	我々は，Xを観察した
	It was found that...	…であることが発見された
	The results showed / demonstrated / illustrated / indicated / suggested / reflected that...	結果は…であることを示した
	Our results revealed that...	我々の結果は，…であることを明らかにした
注目に値すべき発見について要約する	One interesting finding is that...	1つ目の興味深い発見は，…ということである
	Another important finding is that...	もう1つの重要な発見は，…ということである
	An interesting finding in this study is that...	本研究の興味深い発見は，…ということである
	Some interesting findings should be mentioned. ...	いくつかの興味深い発見について述べる必要がある。それは…
	One interesting phenomena that was observed in this study was...	本研究で観察された興味深い現象は，…であった
	One of the most important findings of the present study was that...	本研究の最も重要な発見の1つは，…ということであった
	It is interesting to note that...	興味深いことには，…である

Move 4. 本研究の意義について説明する

先行研究との一致について述べる	Our findings are in (l) with the results of Cummins (2007)	我々の発見は，Cummins（2007）の結果と一致する
	Our findings are in (a) with the results of Cummins (2007)	
	Our findings are (c) with the results of Cummins (2007)	
	Our findings lend support to previous results	我々の発見は，先行研究の結果を支持する
	Our findings lend additional support to earlier evidence	
	Our findings confirm the results of previous studies	我々の発見は，先行研究の結果を裏付ける
	Our findings corroborate other reported studies	我々の発見は，他の先行研究を確証する
	As suggested by Elbow (2012), the finding points to...	Elbow（2012）が提起したように，その発見は…を示している
	Similar to Ding's (2008) findings, we found...	Ding（2008）の発見と同様に，我々は…を発見した
先行研究との不一致について述べる	In (c) to earlier findings (e.g., Claire et al. 2012), we found...	先行研究（例Claire et al. 2012）とは対照的に，我々は，…を発見した
	We found much higher values for X than those reported by Pandey (2014)	Xについて，我々は，Pandey（2014）によって報告されたものより高い値を発見した
	Despite the fact that Li and Maho (2012) found X, we found that...	Li and Maho（2012）がXを発見した事実がある一方で（にもかかわらず），我々は，…を発見した
	(U) previous studies, we found...	先行研究とは異なり，我々は…を発見した
	These results contrast with other studies that have found...	これらの結果は，…を発見した他の研究とは対照的である
	The results differ from Kellog (1990) who found that...	これらの結果は，…を発見したKellog（1990）とは異なる
	These observation do not support Pattall's (2008) meta-analytic findings that...	これらの観察は，…というPattall（2008）によるメタアナリシスの発見とは異なる

	Our results are slightly different from those of other studies	我々の結果は，先行研究の結果と少し異なる
	This study has not confirmed previous research on X	本研究は，Xについての先行研究を支持しなかった
本研究の新規性について述べる	To the best of our knowledge, this is the first study to assess / document / examine X	我々の知る限り，本研究は，Xを測定／記録／調査した初めての研究である
	This is the first study, to our knowledge, to investigate / report / evaluate X	これが，我々の知る限り，Xを調査／報告／評価した初めての研究である
	To our knowledge, this study is the first to suggest a relationship X and Y	我々の知る限り，本研究は，XとYの関係を示した初めての研究である
	To our knowledge, it is the first time that X has been shown to...	我々の知る限り，Xが…であることが示されたのは初めてである
	As far as we know, no study to date has used X	我々の知る限り，これまで，Xを用いた研究は存在しない
	Our study, as far as we know, is the largest trial to assess X	我々の研究は，知る限り，Xを評価した最大規模の試みである
	The X used in this study, to our knowledge, has not been used previously	我々の研究で使用されたXは，我々の知る限り，過去には使われていない
	Our study is unique in that...	我々の研究は，…という点において独創性がある
	The present study is innovative because it used X	本研究は，Xを使ったという点で新規性がある
	This study provides a unique opportunity to...	本研究は…する独創的な機会を提供している
	This study offers new insights into X	本研究は，Xについての新たな示唆を与えている
	These results shed new light on X	これらの結果は，Xに対して新たな光を投じている（新たな手がかりを与えている）

113

本研究の貢献について述べる	The present study contributes to our understanding of X	本研究は，Xに対する我々の理解に貢献する
	These findings extend / advance / further our understanding of X	これらの発見は，Xに対する我々の理解を広げる
	The findings of this study can enrich our understanding of X	本研究の発見は，Xに対する我々の理解の質を高める
	Our findings can add to our understanding as to whether...	我々の発見は，…かどうかについての我々の理解を高める
	The X introduced in this research may prove useful in addressing the gap...	本研究で紹介されたXは，ギャップを穴埋めするのに役立つことになるかもしれない
	This research makes several contributions to the growing research into X. First...	本研究は，Xに対する研究の発展にいくつかの貢献をする。まず1つ目に…
	We believe that the findings from this study can be applied to...	我々は，本研究の発見が…に応用できると信じる
	We believe that the present study has offered a significant new direction for research into X	我々は，本研究がXについての研究における重要な新たな方向性を提供したと信じる
	We believe that our findings will help mitigate this problem	我々は，本研究の発見がこの問題を解消するのを助けることを信じる
	We believe that the current findings might help improve X	我々は，本研究の発見がXを改善するのを助けることを信じる

Move 5. 本研究の限界点について述べる

本研究の限界点を認識できていることを示す	This study has several limitations. First, ...	本研究には，いくつかの限界点がある。まず1つ目は…
	Several limitations of our study should be noted	本研究のいくつかの限界点について触れておくべきである
	Some limitations must be addressed / discussed / considered	いくつかの限界点について議論が必要である
	This study has several limitations that warrant discussion.	本研究は，議論に値するいくつかの限界点がある
	The study is not (w) limitations	本研究は，限界点がないわけではない
	One of the limitations of this study is that...	本研究の限界点の1つは，…ということである
	The current study is limited by the cross-sectional design	本研究は，横断的デザインにより限界点がある
	This research is limited by the relatively small number of incident cases	本研究は，事例件数が相対的に少ないことにより限界点がある
	This study is limited in scope and time	本研究は，扱う範囲と時間という点で限界点がある
	We were not able to adjust for / distinguish / include / obtain / perform X	我々は，Xを調整する／区別する／含める／入手する／実行することができなかった
	It was not possible to ascertain / measure / use / verify X	Xを確認する／測定する／使用する／実証することができなかった
	Our models lack X	我々のモデルには，Xが欠けている
	The findings of this study cannot be (g) to X	本研究の発見は，Xに一般化することはできない
	Our results may not be generalizable to X	我々の結果は，Xには一般化できないかもしれない
	The limitation of this study lies in / is due to / is a result of the fact that...	本研究の限界点は，…という事実のために生じている
	(W) remains to be answered / be clarified / be ascertained is that...	まだ答えられていない／明らかにされていない／確かめられていないことは，…ということである

		It remains to be investigated whether...	…かどうかについては，まだ調査されていない
		It remains to be seen / known if...	…かどうかについては，まだ分かっていない
データの解釈について注意を喚起する		(G　　　) that our findings are based on a limited number of participants, the results need to be interpreted with considerable caution	我々の発見は限られた参加者に基づいていることを考えると，この結果は十分に注意して解釈される必要がある
		The conclusion of this study should be treated with caution	本研究の結論は，注意して取り扱われるべきである
		A great deal of attention must be paid in interpreting the data	このデータの解釈には，十分な注意が払われるべきである
限界点のために，さらなる調査が必要であることを指摘する		Further research is needed to better understand X	X をよりよく理解するためには，さらなる研究が必要である
		Further research is needed to fully describe X	X を十分に描写するためには，さらなる研究が必要である
		Further research is required to clarify / confirm / determine / examine / investigate X	X を明らかにする／確証する／決める／調査するためには，さらなる研究が求められる
		Further investigations should try to replicate these findings	さらなる調査で，これらの発見が再現されるべきである
		This study's limitations should be addressed in future research	本研究の限界点は，将来の研究で調査されるべきである
		This is a vital issue for further research	これは，さらなる研究が必要な重要な問題である
		There are some examples of emerging themes that warrant further attention and investigation	さらなる注意と調査に値する新たなテーマがいくつかある
		Our results give (r　　) to a number of issues that warrant further research	我々の結果は，さらなる調査に値する多くの問題点を生み出している
		The results should be interpreted with caution and warrant replication in future studies	その結果は，注意して解釈されるべきであり，将来の研究において再現が必要である

Move 6. 本研究の意義を改めて強調する（限界点を封じ込める）

限界点があることを認めつつ，本研究の意義を強調する	In (s　　) of these limitations, the current study offers some insight into X	これらの限界点にもかかわらず，本研究は，Xについての示唆を提供する
	Notwithstanding these limitations, the outcome of this study should have significance for the area of X	これらの限界点にもかかわらず，本研究の結果は，Xの領域において重要性を持つ
	Despite the limitations, our findings have important implications in terms of X	その限界点にもかかわらず，我々の発見は，Xの点において重要な示唆を持つ
	Whilst these issues are unresolved, our results confirm X	これらの問題は解決されていないものの，我々の結果はXを確証する
	(A　　) we cannot make any firm statements based on our small-scale study, it appears to be that...	我々は，小規模な結果に基づいて断定的なことは主張できないけれど，…と言えそうである
	However, we believe that our study makes a significant contribution to X	しかしながら，我々は，我々の研究がXに重要な貢献をしていることを信じる
	Nevertheless, these findings have significant implications for X	にもかかわらず，これらの発見は，Xに関して重要な示唆を持つ
	Despite some limitations, this article, hopefully, can serve as a (s　　) for discussion and an impetus for X	いくつかの限界点があるにもかかわらず，本研究は，Xに向けた議論と推進への出発点となることが期待される
	While these topics are beyond the scope of the present study, it is worthwhile to mention that...	これらのトピックは，本研究の範囲を超えているが，…について言及することは価値がある
本研究の結論を述べる	Overall, it can be concluded that...	全体として…であることが結論づけられる
	From this evidence, we can conclude that...	このエビデンスから，我々は，…であると結論づける
	The conclusion we can draw here is that...	ここで我々が導ける結論は，…ということである
	Several conclusions can be drawn from the findings of this study. First...	本研究の発見からいくつかの結論が導きだせる。まず1つ目に…
	Based on our findings, the following conclusions can be drawn	我々の発見に基づいて，次のような結論が導きだせる

In (g), the results of this study emphasize that...	概ね，本研究の結果は，…ということを強調している
In conclusion, our results suggest / indicate / demonstrate that...	結果として，我々の結果は，…を示している
Taken as a whole, these results show that...	全体として，これらの結果は，…ということを示している
Taken together, these findings demonstrate that...	まとめると，これらの発見は，…ということを示している
To (s) up the results, it can be concluded that...	要約すると，…のように結論づけられる
In sum, the present study revealed that...	要約すると，本研究は，…ということを明らかにした
To summarize, we found that...	要約すると，我々は，…ということを発見した

Move 7. 今後の継続的な研究の必要性について述べる

In future studies, we hope to...	将来の研究では，我々は…を期待する
In future studies, researchers should consider X	将来の研究では，研究者はXを考慮するべきである
In future studies, one could address the following questions: ...	将来の研究では，次の問いを調査することができるだろう
Future studies should include X and Y	将来の研究は，XとYを含めるべきである
We propose that future research could explore...	我々は，将来の研究が…を調査することを提案する
We propose that further research should be (u) in the following areas: ...	我々は，次の領域でさらなる研究が実施されることを提案する。…
We suggest that more qualitative types of research have the potential to contribute to X	我々は，より質的な調査がXに貢献する可能性を持つことを提案する
This research has raised several questions in (n) of further investigation	本研究はさらなる研究が必要ないくつかの問いを提示している
Future studies should address the issue of X	今後の研究はXの問題を扱うべきだ

まとめ：ストーリー・テリングとしての科学論文

　以上、概観してきたようなMovesの流れに沿って論文を構成し，それぞれのMoveに特有の定型表現を使うことで，ストーリー展開が読み手に明確になり，読み手をうまく誘導することができます。これまで英語で論文を書いた経験がないという読者の方々は，このMove展開にしたがって，ご自分の研究のストーリーを書いてみることを奨めます。

Introduction
- Move 1. 研究課題を確立する
- Move 2. 先行研究を簡潔に紹介し，何が明らかにされてきたかを読み手に示す
- Move 3. 何が分かっていないのか，何が未解明なのかを指摘する
- Move 4. 本研究の目的を述べる

Methods
- Move 1. 研究対象（データソース）について説明する
- Move 2. 研究手順について説明する

Results
- Move 1. リサーチクエスチョンと研究方法を改めて説明する
- Move 2. 研究結果を報告する
- Move 3. 研究結果についてコメントする

Discussion
- Move 1. 本研究の背景を簡潔に述べる
- Move 2. 本研究の目的と手法を簡潔に述べる
- Move 3. 本研究の結果を要約する
- Move 4. 本研究の意義（先行研究との違い，新規性，貢献）を説明する
- Move 5. 本研究の限界点について述べる
- Move 6. 本研究の意義を改めて強調する
- Move 7. 今後の継続的な研究の必要性を述べる

第 7 章

Abstract で
どのように読み手を導くか

Key Question 8

5,000 words の論文の要旨を 150 words で書く： この長さで研究の要旨を伝えるには， 何をどのように書くべきか？

Abstract の役割

Abstract（要旨）は，一つの論文の内容を凝縮した "mini-version of your paper" と言われます（Dean 2019）。読み手は，Title → Abstract → Main Text という順序で論文に目を通します。Title を見てその研究に興味を持った読み手は，次に Abstract を読み，その論文は Main Text を読むに値するかを判断します。一般に，読み手の数は，Title → Abstract → Main Text と進むに連れて減少していくと言われています（図11）。Main Text を読んでもらえるかどうかは，Title の付け方に加えて，Abstract の質にかかっているといえます。

図11 タイトルから本文までの読み手の数の変化（Dean 2019）

インパクトファクターの高い国際ジャーナルの場合，エディターによる最初のスクリーニングでは，Abstract だけで次の審査（peer-review）に進めるかが決まる，と言われています。例え

ば，*British Medical Journal*では，年間8,000本の論文が投稿されているそうですが，そのうち，採択される論文はほんの7%であり，不採択の論文の大部分は，Abstractチェックの段階でリジェクトが決まっているという報告があります（Groves & Abbasi 2004）。Groves & Abbasi (2004) は，その報告書の中で次のように述べています。

> Please get the abstract right, because we may use it alone to assess your paper.

AbstractのMove分析

次の文章は，Yu et al.（2019）＊による論文のAbstractです。著者らはAbstractにどのような情報を盛り込んでいるでしょうか。どのようなMoveで読み手を導いているでしょうか。内容は十分に理解できなくて構いません。色付けされた言語的特徴に着目して分析してみてください。

Cancer cell lines are a cornerstone of cancer research but previous studies have shown that not all cell lines are equal in their ability to model primary tumors. Here we present a comprehensive pan-cancer analysis utilizing transcriptomic profiles from the Cancer Genome Atlas and the Cancer Cell Line Encyclopedia to evaluate cell lines as models of primary tumors across 22 tumor types. We perform correlation analysis and gene set enrichment analysis to understand the differences between cell lines and primary tumors. Additionally, we classify cell lines into tumor subtypes in 9 tumor types. We present our pancreatic cancer results as a case study and find that the commonly used cell line MIA PaCa-2 is tran- scriptionally unrepresentative of primary pancreatic adenocarcinomas. Lastly, we propose a new cell line panel, the TCGA-110-CL, for pan-cancer studies. This study provides a resource to help researchers select more representative cell line models.

Move 1 / Move 2 / Move 3 / Move 4 / Move 5

* Yu, K., Chen, B., Aran, D., Charalel, J., Yau, C., Wolf, D. M., van't Veer, L. J., Butte, A. J., Goldstein T., & Sirota, M. (2019). Comprehensive transcriptomic analysis of cell lines as models of primary tumors across 22 tumor types. *Nature Communications, 10*(3574), 1–11.（第一著者と責任著者より許諾を得て転載）

　Abstractは，少ない語数の中で論文のストーリーの趣旨を読み手に伝えなければなりません。ここで趣旨を正確に読み手に伝えることができなければ，続きを読んでもらえない可能性があることを考えると，他のセクションにも増して，読み手が期待する展開（Move）を意識する必要があります。

　Yu et al.（2019）は，図12に示すように，大きく5つのMovesでAbstractを構成し，読み手に研究の趣旨と重要性を伝えていました。

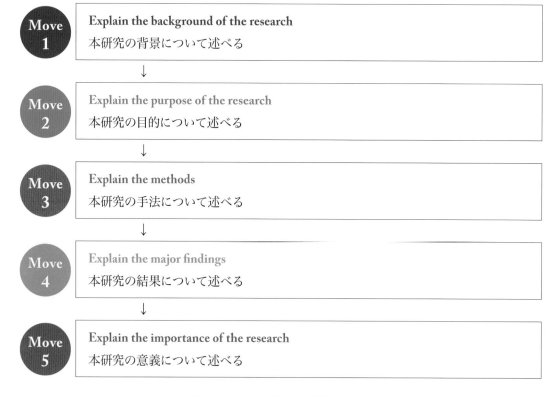

図12　Abstractで読み手を導くMoves

　ジャーナルによっては，Abstractに書く内容を指定している場合もありますが，一般に，Abstractでは，Yu et al.(2019)のモデルのように，次の5つのポイントについて簡潔に説明します。

1. 背景（Why did you do it?）

2. 目的（What did you do it?）

3. 手法（How did you do it?）

4. 結果（What did you find out?）

5. 考察（What does that mean?）

Yu et al.（2019）の論文が掲載された *Nature Communications* は，Abstractを150 words以内で書くようガイドラインで指定しています。著者らは148 wordsでこのAbstractを書いていますが，1から5の各ポイントについて1～2センテンスで非常に簡潔な，しかし<u>誰にとっても（専門外の読者にとっても）分かりやすい説明</u>をしている点は注目に値します。*Nature Communications* は，生物学，物理学，化学など自然科学系のあらゆる領域を扱うジャーナルであるため，読み手は必ずしも書き手と専門が一致しているとは限りません。そのため，*Nature Communications* のガイドラインでは，専門外の読み手でも分かるように要旨を書くことを求めています。

The abstract — which should be no more than 150 words long and contain no references — should serve both as a general introduction to the topic and as a brief, <u>non-technical summary</u> of the main results and their implications.

（Nature Communications, Guide to Authors）下線は筆者による。

昨今は，学際的な研究が盛んになり，ジャーナルの読者層の専門性も多岐に亘るようになってきています。このような潮流の変化を考えると，*Nature Communications* のガイドラインにあるように，<u>Abstractは読み手の専門性に関係なく，誰にとっても分かりやすい内容と構成で書くこと</u>が大切だといえます。

読み手が期待する展開：The Five Questions Techniques

Abstractをどう書いてよいか分からないという方は，まず，自分の研究のストーリーを整理するために，下記の5つの質問に対して，1～2センテンスで文章を書いてみてください（Abstractの分量が150 wordsを想定しています。文字制限が200～300 wordsの場合は，研究手法と研究結果を3～4センテンスに増やすなどで対応することが考えられます。この時，研究の背景が過度に長くならないように心掛けることも大切です）。これは，研究の趣旨が明確に読み手に伝わるAbstractを書く準備として，学術誌 *Nature Energy* のChief EditorのNicky Dean氏が推奨している "The Five Questions Technique" です（Dean 2019）。

Five Questions about Your Research	
1. Your research aims	A sentence saying what you wanted to achieve.
2. Your methods	A sentence or two saying what you did to achieve it.
3. Your key result	A sentence or two presenting the most important results.
4. Evaluation and interpretation	A sentence or two on what these results mean.
5. Implications	A sentence or two on how your results will impact your field, or what you will do next to build on them.

Abstract で読み手を導く重要表現

ここに掲載されている表現は，英語論文執筆支援ツール AWSuM（水本 2017; Mizumoto, Hamatani, & Imao 2017）に収録された論文コーパスより，各 Move で使用頻度の高い表現を抜粋したものです。

Move 1. 本研究の背景について述べる

Introduction の定型表現も参考にしてください。

研究テーマの重要性に言及する	X is a cornerstone of...	X は，…の土台／基礎となるものである
	X is one of the most important aspects of...	X は，…の最も重要な要素の 1 つである
	X plays an important role in...	X は，…において重要な役割を果たしている
	X is vital to understanding...	X は，…を理解するのに重要である
	X is of considerable interest to researchers	X は，研究者にとって大きな関心である
	X is a leading cause of...	X は，…の主要な要因である
	X has been a key issue in the field of...	X は，…において鍵となる問題であり続けている
	X has become increasingly important in...	X は，…において益々重要になってきている
	X has become increasingly prevalent in...	X は，…において益々普及してきている

		X has been widely considered crucial in...	X は，…において重要だと広く考えられてきた
す る	先行研究について言及	Previous / recent studies have shown that...	先行研究は／最近の研究は，…ということを示してきた
		Numerous studies have reported that...	多くの研究は，…ということを報告してきた
		The previously published reports showed that...	過去に出版された報告書は，…ということを示した
		X have/has been shown to be effective in...	X は，…において効果があると示されてきた
不十分・未解明な点を提示する		Little is known about X	しかし，X については，ほとんど知られていない
		Little attention has been devoted to X	X については，ほとんど関心が払われてきていない
		There has been little research on X	X についての研究はほとんどない
		There is little evidence to support X	X を支持するエビデンスはほとんどない
		Few studies have investigated X	X について調査した研究は，ほとんどない
		Few studies have been conducted on X	X についての調査は，ほとんど実施されていない
		X has not been fully explored	X は，十分には調査されていない
		Previous research has not fully examined X	先行研究は，X について十分調査していない
		X remains largely unexplored	X は，大部分が未調査のままである
		X remains largely unknown	X は，大部分が未解明のままである
		X is an unresolved issue	X は，未解決の問題である
		It is uncertain whether...	…かどうかについては，確かではない
		It is unclear whether...	…かどうかについては，明確ではない
		X is yet to be investigated systematically	X については，まだ，体系的には調査されていない

Move 2.　本研究の目的について述べる

Introduction の定型表現も参考にしてください。

本研究の目的について簡潔に述べる	Here we present* X analysis	本稿で，我々は…X分析について報告する
	Here we report on the effects of X	本稿で，我々は，Xの効果について報告する
	Here we show that...	本稿で，我々は，…ということを示す
	In this paper, we investigate X	本稿で，我々は，Xについて調査する
	In this paper, we propose X	本稿で，我々は，Xについて提案する
	In this article, we explore X	本稿で，我々は，Xについて調査する
	In this article, the authors report on X	本稿で，著者らは，Xについて報告する
	The research reported in this paper explores...	本稿で報告される研究は，…を調査する
	The study presented in this paper investigates...	本稿で報告される研究は，…を調査する
	This paper aims to investigate X	木稿は，Xについて調査することを目的とする
	This paper seeks to analyze X	本稿は，Xを分析することを目的とする
	The present paper describes X	本稿は，Xについて描写する
	The present paper is part of a wider research project which aims to...	本稿は，…を目的とする大きなプロジェクトの一部である

* 論文の中で行われることに焦点を当てる場合は，現在形が用いられる（本稿では，…する）。一方で，既に実施した研究の方に焦点が当てられる場合は，過去形が用いられる（この研究では，…した）。どちらを使うべきかに正解はないが，投稿するジャーナルの最新号の傾向を参考にするとよい。

Move 3.　本研究の手法について述べる

Introduction と Methods の定型表現も参考にしてください。

データソース（実験材料，研究参加者）について簡潔に説明する	For our study, we collected data from...	本研究で，我々は，…からデータを収集した
	We used data from...	我々は，…から収集したデータを使った
	Data* were collected over a period of ten weeks	データは，10週間にわたって収集された
	Data were gathered through observations and questionnaires	データは，観察と質問紙調査を通して収集された
	Data were obtained from 125 individuals	データは，125人から収集された
	The data included measurements of X and Y	データには，XとYの測定値が含まれた
	The data consist of 50 hours of video-recorded classroom interactions	データには，50時間におよぶ教室内でのインタラクションの録画が含まれる
	The participants were members of the XXX	研究参加者は，XXXの構成員だった
	A total of 210 blog users participated in this study	合計210人のブログユーザーが，本研究に参加した
	We included 56 trials with 3,100 participants in this study	本研究で，我々は，3,100人の研究参加者に対して56件の治験を含めた
	Overall, 180 patients aged 7-95 were included in the analysis	全体として，7〜95歳の180人の患者が分析に含まれた
	All participants were randomly assigned to the X group or the Y group	すべての研究参加者は，XグループかYグループにランダムに分けられた

* "data" の使い方については、p.81 を参照。

研究手順について簡潔に説明する	In this paper, we perform* X	本稿で，我々は，Xを実施する
	In this research, we performed X	本研究で，我々は，Xを実施した
	In the present study, we assessed X	本研究で，我々は，Xを測定した
	We conduct a study of X	我々は，Xについての調査を行う
	X was conducted to examine...	…を調査するため，Xが行われた
	X was administered to assess...	…を測定するため，Xが実施された
	X was carried out to better understand...	…をより理解するため，Xが行われた
	X was performed to identify...	…を発見するため，Xが実施された

* 論文の中で行われることに焦点を当てる場合は，現在形が用いられる（本稿では，…する）。一方で，既に実施した研究の方に焦点が当てられる場合は，過去形が用いられる（この研究では，…した）。どちらを使うべきかに正解はないが，投稿するジャーナルの最新号の傾向を参考にするとよい。

Move 4.　本研究の結果について述べる

Results の定型表現も参考にしてください。

報告する　発見したこと（findings）について簡潔に	The results show* that...	結果は，…ということを示している
	The results showed that...	結果は，…ということを示した
	Our findings demonstrate that...	我々の発見は，…ということを示している
	Our findings demonstrated that...	我々の発見は，…ということを示した
	We found that...	我々は，…ということを発見した
	X was found to be...	Xは，…だということが発見された
	X was found to have...	Xは，…を持つということが発見された
	It was found that...	…ということが発見された

結果の重要性を読み手に強調する	Importantly, ...	重要なことには，…
	More importantly, ...	より重要なことには，…
	Significantly, ...	重要なことには，…
	More significantly, ...	より重要なことには，…
	Interestingly, ...	興味深いことには，…
	Particularly interesting is the findings that...	特に興味深いことは，…という発見である
	Specifically, ...	明確には，…
	More specifically, ...	より明確には，…
	Surprisingly, ...	驚いたことには，…
	Most surprisingly, ...	最も驚いたことには，…
	Notable findings emerged. First, ...	注目すべき発見があった。1つ目は…

＊論文の中で行われることに焦点を当てる場合は，現在形が用いられる（本稿では，…する）。一方で，既に実施した研究の方に焦点が当てられる場合は，過去形が用いられる（この研究では，…した）。どちらを使うべきかに正解はないが，投稿するジャーナルの最新号の傾向を参考にするとよい。

Move 5. 本研究の意義について述べる

Discussionの定型表現も参考にしてください。

本研究の結論を簡潔に述べる	The results suggest that...	結果は，…ということを示している
	The findings imply that...	結果は，…ということを暗示している
	Our findings indicate that...	我々の発見は，…ということを示している
	Our results highlight the importance of X	我々の結果は，Xの重要性を強調している
	We conclude that...	我々は，…だと結論づける
	Our conclusion is that...	我々の結論は，…ということである

It is concluded that...	…であると結論づけられる
The conclusion discusses that...	結論では，…について議論する
In conclusion, the present study highlights...	結論として，本研究は，…を強調する
The conclusion we can draw here is that...	ここで我々が導ける結論は，…ということである

本研究の意義について簡潔に述べる	Based on the conclusions, we propose that...	結論に基づいて，我々は，…を提案する
	We discuss implications of our results in relation to X	我々は，研究結果の示唆について，Xとの関連で考察する
	The authors discuss their findings by suggesting that...	著者らは，…を示すことによって，結果について考察する
	This paper concludes with a discussion of practical implications of the findings...	本稿は，研究結果の実践的な示唆についての考察を結論とする
	These findings will help to resolve the problem...	これらの発見は，その問題を解決する助けになるだろう
	Our findings will help researchers to better understand...	我々の発見は，研究者らが，…をより理解するのを助けるだろう
	These findings of this study are indeed useful for researchers to...	本研究のこれらの発見は，研究者が…をするのに非常に役立つものである
	The analysis of this data will be useful as a model for the study of...	このデータ分析は，…の研究のモデルとして役立つであろう
	The contribution of this study lies in furthering the understanding of...	本研究の貢献は，…の理解を高めることにある
	This study makes a unique contribution toward understanding...	本研究は，…の理解に対して独自の貢献をする
	The results suggest that..., thereby contributing to...	結果は，…ということを示している。従って，これは…に貢献する
	These new findings constitute an important step toward achieving...	これらの新規性のある発見は，…を達成することへ向けた重要な一歩となる
	The results offer exciting new possibilities to develop...	その結果は，…を開発する新たな可能性を提供している

The findings open up new avenues for ... research	その発見は，…研究の新しい方向性を切り開くものである
Our findings open up new opportunities to improve...	我々の発見は，…を改善する新たな機会を切り開くものである
This platform creates new opportunities for the development of...	このプラットフォームは，…の開発の新たな機会を作り出すものである
This paper proposes a new clustering algorithm that can detect...	本稿は，…を発見できる新しいクラスタリング・アルゴリズムを提案する
The present study developed a new statistical model to predict...	本研究は，…を予測する新たな統計モデルを開発した

＊コラム

大切なのにあまり知られていないコト──カバーレター（cover letter）の重要性──

　学術誌へ論文を投稿する際，論文本体ばかりに目を向け，カバーレターにはあまり注意を払わない著者がいるかもしれません。論文の内容そのものに比べると，カバーレターはさほど重要ではないと思うかもしれませんが，実は，電子投稿が当たり前になった現在でも，論文投稿時に添えるカバーレターは極めて重要な役割を果たしています。

　言うまでもなく，カバーレターは，論文が投稿された際にEditorが最初に目にするものです。Editorは，まず初めにカバーレターを読み，その論文が掲載に相応しい内容かどうか，査読を進めてゆくのに値するかどうか，学術誌の読者層に興味を持ってもらえるかどうかを判断します。つまり，カバーレターは，自分の論文をアピールするためのPR手段としての役割を担っているのです。実際，学術誌 *Nature* の投稿規定でも，「カバーレターは投稿論文の重要性，かつその論文がなぜ *Nature* に相応しいかを簡潔にEditorに伝える有効な機会となる」（The cover letter is an excellent opportunity to briefly discuss the importance of the submitted work and why it is appropriate for the journal.）と説明しています（Springer Nature 2020）。同様に，学術誌 *The Lancet* の投稿規定でも，「あなたの論文がなぜ他のジャーナルではなく，*The Lancet* に掲載されるべきなのか，カバーレター内で説明すること」（Use the covering letter to explain why your paper should be published in *The Lancet*—a leading international general medical journal—rather than elsewhere（e.g., a specialty journal））と指示しています（The Lancet 2020）。

　それではカバーレターにはどのような内容を盛り込めばよいのでしょうか。最近では，例えば学術誌 *Science* のように，カバーレターに含める内容や書式を指定する学術誌も増えていますので（American Association for the Advancement of Science 2020），投稿先の学術誌の投稿規定を熟読し，指示に従うことが必要です。ここでは，多くの学術誌に共通する汎用的な項目として，一般的にカバーレターに記載するとよい内容を紹介します。

カバーレターに記載する内容

❶ 日付
❷ Dear Editor の名前（Dr. や Prof. をつける。不明である場合は Dear Editor-in-Chief など）
❸ 当該論文のタイトルと区分（原著論文か症例報告かレターかなど）
❹ 研究内容の要点（新規性と重要性）の簡潔な説明（Abstract のコピーは避けること）。
❺ この論文はいかなる言語でも未発表であり，現在も他誌で査読を受けていないこと。

❻ 利益相反がないことの報告。

カバーレターの例

[Date of submission] ❶

Dear [**Editor's Name**] ❷

I/We would like to submit an original research article entitled "[**title of article**]" for consideration by [**journal name**]. ❸

In this paper, I/we report on/show that _____ . This is significant because _____

[**Please explain in your own words the significance and novelty of the work**].
I/we believe that this manuscript is appropriate for publication by [**journal name**] because it _____ [**specific reference to the journal's aims and scope**]. ❹

I/We confirm that this work is original and has not been published elsewhere, nor is it currently under consideration for publication elsewhere. ❺

I/We have no conflicts of interest to disclose, and there has been no significant financial support for this work that could have influenced its outcome. ❻

Thank you for your consideration for this manuscript.

Sincerely,

[Your name]
[Your affiliation]
[Postal address]
[Phone number]
[Email address]

カバーレターは論文本体の内容を補完するものではありませんが，長い査読プロセスの出発点でEditorの関心を論文本体へと導く entry point の役割を果たしていると言ってよいでしょう。膨大な時間と労力を注いで完成させた大切な研究成果です。その成果をEditorから Reviewers へ，そして読者へ…と届けることができるよう，出発点のカバーレターでも気を抜くことのないようにしたいですね。そして，学術誌の Editor は多くの場合，大学の教員であり，忙しい時間の合間をぬって編集作業にあたっていることも忘れてはいけないと思います。分野・領域の発展のために尽力してくださっている Editor に対して，同業者として感謝する気持ちも忘れてはならないでしょう。本書で繰り返し述べているように，科学論文とは，研究者間の，言い換えると人間と人間同士の記述（言語）を媒介としたコミュニケーションツールであるからです。

第 3 部

発 展 編

読み手を導き読み手を引き付ける
文章を書く

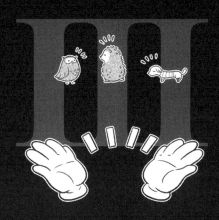

第1章

「科学論文には事実のみを記載する」
という通説の誤解

命題に対する書き手の態度を示す

Key Question 1

「科学論文では，主観的な言葉遣いは避ける」という通説は本当か？「主観的な言葉遣い」とは，例えばどのような表現か？

　科学論文に関する通説の中に，「科学論文の目的は科学を伝えることなので，事実のみを記述する」や「科学論文の内容は客観的でなければならないので，主観的な言葉遣いは避ける」というものがあります。例えば，「interesting（興味深い）」や「surprising（驚きである）」のように書き手の主観が入るような表現は避けるように，というものです。実際，このようなルールを明示的に伝える論文執筆ガイドブックは数多く存在しており，これらの著書では，「科学論文では，中立的で客観的な単語のみを用いて，冗長さや曖昧さのない，簡潔な文章を書く」ことが推奨されています。「無難で最低限に必要な情報を伝える，しかし誤りのない英語」に徹することで科学を的確に伝えられる，ということがこれまで刊行されてきた著書の多くが主張してきたことでした。

　しかし，2000年代の最新のコンポジション研究では，「科学論文」というジャンルの文体や言語的特徴について改めて整理する動きがあり，「科学論文では主観的な言葉遣いは避ける」という通説を反証する事例が明らかにされてきました（Crothwaite, Cheung, & Jiang 2017; Gray & Biber 2012; Morton & Storch 2019; Stock & Eik-Nes 2016; Thompson 2012; Yang, Zheng, & Ge 2015）。自然科学，社会科学，人文科学という分野の違いを超えて，良い論文の中には，客観的なものの中にも書き手の主観的見解や主観的判断，書き手の立場の表明があり，書き手の個性がある，というものです。科学論文が研究者同士のコミュニケーションの媒介である以上，言い換えれば，書き手が読み手に文章を媒介にして情報を伝える役割を担っている以上，書き手は読み手を巧みに誘導しなければなりません。読み手を引きつけ，読み手を導くということは，すなわち，「読み手との連帯を深める」ということです。そのためには，平易で簡潔で無難な英語で研究成果を並列に記述するたけでは十分ではありません。先行研究を背景にして洞察力を働かせ，強調すべき情報と，そうでない情報を取捨選択し，軽重をつけることを通して，研究成果を説得的に読み手に伝える工夫をする責任が書き手にはあります。

　例えば，Gray & Biber（2012）は，科学論文とは，研究成果について述べる「命題（propositions）」と，その命題に対する書き手の態度や書き手の評価を述べる「スタンス（personal stance）」という大きく2つの要素で成り立つと述べ，次のような言語的現象を挙げています。

Obviously, it is not practical for accountants to measure business income in this matter. 明らかに，会計士がこの件の企業収益を測定することに実用性はない。
Unfortunately, it is presently impossible to predict which effect will emerge in a particular situation. 残念なことに，特定の状況においてどちらの効果が現れるかについて予測することは，現状では不可能である。
In fact, this process of creation almost never just happens magically and effortlessly but instead involves much trial and error. 実際，この作成過程は決して奇跡的に，また努力なしに起きるものではなく，膨大な試行錯誤が必要なのである。

(Gray & Biber 2012, p. 20)

上記の例では，下線部が命題に対する書き手のスタンスを表しています。ここで，下線部の表現が存在しない命題だけの文章と比較してみてください。下線部の表現があるかないかで，一読み手として同じ文章から受ける印象が変わったのではないでしょうか。

It is not practical for accountants to measure business income in this matter.
It is presently impossible to predict which effect will emerge in a particular situation.
This process of creation almost never just happens magically and effortlessly but instead involves much trial and error.

　命題に対する書き手のスタンスを示す出現頻度を1974年と2014年の論文で比較したところ "novel"（斬新な）や "amazing"（驚くべき）や "unprecedented"（前例のない）等の評価形容詞（evaluative adjectives）の使用頻度が9倍に増加していたという報告があります（Vinkers et al., 2015）。オランダの University Medical Center Utrecht の精神科医 Christiaan Vinkers 氏らのチームは，データベース PubMed に収録された論文を対象に，タイトルとアブストラクトで書き手のスタンスを示す表現がどの程度使われているか，その出現頻度が1974年から2014年でどのように変化したかを調査しました。調査に際し，同氏らは，論文の言語的特徴の分析をもとに，肯定的言葉と否定的言葉を25語ずつ抽出しました。その結果，"innovative"（斬新な），"promising"（将来性のある），"unique"（独創的な）等の肯定的表現を含む論文数は，1974 〜 1980年の平均2％から2014年には17.5％に増加していたことが分かりました。同様に，"disappointing"（期待に反する），"impossible"（不可能な），"unsatisfactory"（不十分な，

不満足な）等の否定的言葉についても，1.3%から2.4%に増加していたことが分かりました。Vinkers氏らによるこの通時的調査の結果は，この約50年の間に科学論文における書き手のスタンスの表現方法が大きく変化してきたことを示しています（Ball 2015）。

　第1章で説明したように，書き手が命題に対して示す主観的見解や立場は，コンポジション研究では "voice" と呼ばれ，どのような文体や表現の中に書き手のvoiceが表出されるかについて，様々なジャンルで実証的調査が行われています（Cameron 2012; Fløttum 2012; Gross & Chesley 2012; Hood 2012; Hyland 2012; Prior 2001）。また，書き手の "voice" の表現は，文章を媒介とするコミュニケーションに必要不可欠な要素として，ライティング指導やライティング評価にも取り入れられるようになってきています（Bondi 2012; DiPardo, Storms, & Selland 2011; Dressen-Hammouda 2014; O'Hallaron, Palincsar, & Schleppegrell 2015; Zhao 2012）。

　書き手のvoiceが表出する文体や表現は，読み手を効果的に誘導するために必要な「標識」として，「メタディスコースマーカー（metadiscourse markers）」と定義されることもあります。Hyland（2000a, 2000b）は，文系から理系まで8分野のトップジャーナルから240編の科学論文を選び，書き手が効果的に読み手を導く際に使用するメタディスコースマーカーを抽出しました。Hylandは，さらに，その機能に基づいてディスコースマーカーを4つのカテゴリーに分類しました。表1がその分類です。

表1　書き手が読み手を導くためのディスコースマーカー

カテゴリー	機能	例
書き手の態度 （attitude markers）	命題に対する書き手の態度（見解，評価，判断など）を読み手に示す	*unfortunately, I agree, surprisingly*
強調表現 （boosters）	命題の重要性を読み手に説得的に伝える	*obviously, In fact, It is clear that*
緩衝表現 （hedges）	命題の断定度を弱め，読み手に注意を促す	*might, perhaps, possible,*
自己言及 （self-mentions）	書き手の主体性や見解に対する責任を読み手に示す	*I, we, my, our*

このセクションでは，「書き手の態度」を表す attitude markers に焦点を当て，「強調表現（boosters）」と「緩衝表現（hedges）」と「自己言及（self-mentions）」はこの後に続くセクションで扱うこととします。

Exercise 1

次の文は Marx（2020, p. 11）の論文からの抜粋です，命題に対する書き手の態度（見解，評価，判断）を示すと考えられる表現に線を引いてみてください。

A first observation is that for all countries and variables, there is a clear socio-economic gradient. Unsurprisingly, the gradient is less clear for income quintiles, which is a rather crude measure and, compared to the subjective indicators, further away in the causal chain producing pocketbook anger. The fact that pocketbook anger does show the expected distribution should increase trust in the variable. Moreover, I would argue that the magnitude of the differences is important descriptive information in its own right. It suggests that citizens with unfavorable socio-economic positions experience considerable anger (and probably tend to externalize blame), even in the control group. Again, it might be possible that exposure to anti-elite rhetoric outside the experiment has contributed to this (which would lead to an underestimation of its effect in the experiment).

Turning to treatment effects by socio-economic group, there are some differences across contexts. But a general observation is that treatment effects do not decrease linearly with socio-economic position and that anger effects are far from being restricted to the bottom segments. In most cases, treatment effects do not differ significantly across groups. In France, they are actually strikingly homogenous. The only exceptions are high subjective positions (interestingly, French participants were reluctant to place themselves in the two highest status categories; they only comprised nine cases and had to be dropped from the analysis). Hence, it seems that there is considerable potential for pocketbook anger across society and that the emotion measurement is flexible enough to capture the probably quite different sources of anger in the middle and the lower classes. In this context, it should be borne in mind that populism in France is spread across the political spectrum. This means that it could be easier to link the generic anti-elite rhetoric used in the experiment to different economic grievances, such as poverty or excessive taxation.

Key Question 2

命題に対する書き手の態度（見解，評価，判断）
を表す表現として，
どのようなものがあるか？

Exercise 2

次の文の内容に対して自分の立場や見解を示したい時，どのような表現を使いますか。
（　　　）内に適切な単語を書いてください。

A	Theoretically, it might be (　　　　　) that randomization is done when treatment in each group actually differs.
	理論的には，それぞれのグループに対する治療が異なる時には，無作為抽出が行われることが望ましいかもしれない。 (Medicine)
B	It is, therefore, (　　　　　) that the World Gold Council uses this method when preparing Au/TiO2 samples.
	それゆえに，ワールドゴールドカウンシルがAu/TiO2サンプルを準備する際にこの手法を使用していることはもっともなことである。 (Materials Science)
C	It might be (　　　　　) to gather naturally-occurring data for the study-abroad students' speech act.
	学生の留学先での発話行為に関しては，自然発生的に起こるデータを集めることが好ましいかもしれない。 (Applied Linguistics)
D	What is (　　　　) is that it hardly matters what algorithms or approaches they employ.
	残念なことは，彼らがどのようなアルゴリズムやアプローチを使うかはほとんど重要ではないということである。 (Computer Science)

A〜Dの文章は，それぞれの分野のトップジャーナルに掲載された論文から抽出したものです。

これらの例から，「○○は望ましい」，「○○はもっともなことである」，「○○が好ましい」，「残念なことは…」のように，科学論文においても，書き手はある命題に対して自分自身の立場や見解を表明していることが分かります。○○の命題の部分がいかに整然として明快であっても，それだけでは読み手にとっては平面的で退屈な文章となってしまう可能性があります。客観の隙間に書き手の主観的な見解を挟んでいくこと。その仕方に書き手（研究者）としての個性が表れます。伝えるべき命題の部分が読み手に響くものになるかどうかは，命題そのものだけではなく，その命題に対する書き手の主観的な見解の挟み方にも左右されるといってよいでしょう。

表2は，科学論文で書き手の態度を表す表現として高い頻度で使用されるものをまとめています。

表2　書き手の態度を表す表現

感情や解釈　Affect & Interpretations		評価や判断　Assessment & Judgment	
agree	賛成である	adequate	十分である
amazing	驚くべき	appropriate	適切である
amazingly	驚くべきことに	appropriately	適切に
astonishing	驚くべき	comprehensive	包括的な，包括的である
astonishingly	驚くべきことに	crucial	重要な，重要である
curious	興味深い	crucially	重要なことに
curiously	興味深いことに	dramatic	著しい
desirable	望ましい	dramatically	著しく
disappointing	残念である	effective	効果的な，効果的である
disappointingly	残念ながら	essential	不可欠な，不可欠である
disagree	～に反対する	essentially	本質的に，本来
expected	予想される	even	～でさえ
expectedly	予想通り	generalizable	一般可能な，一般化できる
fortunate	幸運である	important	重要な，重要である
fortunately	幸運なことに	importantly	重要なことに
hopeful	望ましい	inappropriate	不適切である
hopefully	望ましくは	influential	影響力がある，誘因となる
interesting	興味深い	marginal	周辺的な，あまり重要でない
interestingly	興味深いことに	notable	注目すべき
intriguing	興味深い	noteworthy	注目に値する
intriguingly	興味深いことに	only	～だけ，ほんの

preferable	好ましい	rare	稀な，稀である
preferably	好ましくは，できれば	remarkable	注目すべき，著しい
shocking	衝撃的だ	remarkably	著しく
surprising	驚くべき	significant	重要な，重要である
surprisingly	驚くべきことに	significantly	重要なことに
unbelievable	信じられない	solely	〜だけ，唯一
unbelievably	信じられないほどに	striking	著しい，目立つ
understandable	もっともなことだ	strikingly	著しく
understandably	もっともなことだが	uncommon	珍しい，稀な
unexpected	意外である	unusual	珍しい，稀な
unexpectedly	意外なことに	unusually	めったにないほど
unfortunate	残念である	usual	通常の
unfortunately	残念なことに		

（Hyland 2000a に基づき作成）

書き手の態度を示す表現

　英語論執筆支援ツール AWSuM に収録された論文（2016 年以降に発表された論文が収録されている）の中でも，命題に対する書き手の態度（見解，評価，判断）を示す表現が高い頻度で使用されています。AWSuM に収録された論文の中で見られた例を紹介します。

命題に対する書き手の見解や解釈を示す	We **agree** with the main conclusions of the analysis by XXX (2014)	我々は，XXX（2014）による分析の主な結論に**賛成である**
	We **agree** with points (1), (4), and (5), but we **agree only partially** with points (2) and (3)	我々は，ポイント（1），（4），（5）には**賛成である**が，（2）と（3）については，**部分的に賛成である**
	We found that X had an **amazing** reinforcing effect on Y...	我々は，X が Y に対して，驚くべきほどの補強効果があることを発見した
	It was **amazing** to see the pattern of X was repeated among groups	X のパターンが，グループ間で繰り返されていることを発見したことは**驚きで**あった
	Amazingly, all the X materials kept their original morphology...	**驚くべきことに**，すべての X 物質が，元々の形態を維持していた

The X processes seemed to correlate **amazingly** with Y	Xのプロセスは，**驚くほど**，Yと相関関係があるように見えた
It is **astonishing** that the relationship between X and Y was detected with statistical significance	XとYの関係に有意差が発見されたことは，**驚きである**
Particularly, the low rate of X is **astonishing** because...	特に，Xの低い割合は，**驚きである**。なぜなら…
It may seem **curious** that X values were consistently different between Y and Z...	Xの数値が，YとZの間で一環して違っていたことは**興味深く**見えるかもしれない
These findings are **curious**, as previous studies have shown that X is unlikely to be influenced by Y...	これらの発見は**興味深い**。なぜなら，先行研究では，XはYに影響しそうにないと報告されてきたからである
The disease has been **curiously** absent in this area despite seemingly amenable conditions	**興味深いことに**，その病気は，影響を受けやすく見える状況にも関わらず，この地域では存在しなかった
Curiously, over time, X occurrences increased significantly...	**興味深いことに**，Xの発生は，時間の経過とともに有意に増加していた
It is highly **desirable** to develop a simple and effective strategy for improving...	…を改善するシンプルで効果的な手法を開発することが非常に**望ましい**
A regional- or country-level model would have been **desirable**, but it has not yet been published	地域レベルまたは国レベルのモデルが**望ましかった**のだが，まだそれは刊行されていなかった
Several composites continued to demonstrate **disappointingly** low rate	いくつかの複合物は，**残念なことに**，低い数値を示し続けた
Disappointingly, high recurrence rates of up to 54–55 percent has been reported	**残念なことに**，54～55％という高い再発率が報告されてきた
Although we **disagree** with some of the conclusions in XXX (2010), we are grateful to the authors for having raised these issues	我々は，XXX（2010）の研究のうちいくつかの結論には**反対**であるが，これらの問題を提起してくれた著者らに感謝している

This review did not show anything conclusively to **agree** or **disagree** with these trials	このレビューは，これらの治験に対して，**賛成か反対かをはっきりとした見解を示**していなかった
The interventions did not show recovery as we **expected**	その介入は，我々が**予想していた**通り，回復を示さなかった
On the basis of data from our pilot study, we **expected** a mean of...	我々の予備調査のデータに基づいて，我々は，平均値…を**予想していた**
Certain demographic characteristics were **expectedly** more prominent among those who...	**予想した通り**，…の人々の間で，一定の特徴がより傑出していた
Underutilization of resources **expectedly** begins to increase	資源の未活用は，**予想通り**，増え始めている
We were **fortunate** enough to be able to test among a group of varying participants...	我々は，様々な研究参加者対象に調査を行えて，**幸運であった**
The use of X is **not certainly very fortunate** to probe visible light activity of Y	Xの使用は，Yの可視光活動を調査するのには，**確かにあまり幸運ではない**
Fortunately, it is possible to avoid this situation by balancing...	**幸運にも**，…のバランスを取ることによって，この状況を回避することができる
Fortunately, use of this methodology is becoming more widespread	**幸運にも**，この手法の使用は，ますます広がりつつある
We are **hopeful** that these efforts, as well those of others in the fields, will make an important contribution to...	我々は，これらの努力が，この分野の他の研究者とともに，…へ重要な貢献をすることを**期待する**
This article, **hopefully**, can provide a springboard for discussion and an impetus for...	本稿は，…についての議論と勢いの出発点を提供することが**期待できる**
Studies on X are currently underway, which **hopefully** shed more light on the long-term effects and safety of Y	Xについての研究は現在進行中である。それは，Yの長期的な効果と安全性により光を投げかけることが**期待される**

It was **interesting** to note that no factor that was investigated in multiple studies was consistently associated with X	複数の研究で調査されてきた要因が，一貫してXとは関係がなかったということは**興味深かった**
An **interesting** finding in this study is that there were notable changes in...	本研究の**興味深い**発見は，…において注目すべき変化があったことである
Another **interesting** observation of our study is the low proportion of...	我々の研究のもう1つの**興味深い**観察は，…の低い割合である
Interestingly, we found that there were noticeable peaks in X	**興味深いことに**，我々は，Xに注目すべきピークがあることを発見した
More interestingly, there were significant differences in...	**より興味深いことに**，…において有意な違いがあった
It is **intriguing** to note that X performed almost twice as well as Y...	XがYよりも，約2倍良いパフォーマンスをしたことは，**興味深い**
The above results for X are **very intriguing** for several reasons. First, ...	上述したようなXに関する結果は，いくつかの理由で**非常に興味深い**。まず1つ目に…
Intriguingly, we found X even at the younger age...	**興味深いことに**，我々は，若年層においてさえもXを発見したのだ
Intriguingly, previous research has reported that..., similar to what was found in our study	**興味深いことに**，先行研究は…と報告してきており，それは，本研究で我々が発見したことと類似しているのだ
Our findings suggest that X is **preferable** compared to Y	我々の発見は，XがYに比べて**好ましい**ことを示唆している
It would have been **preferable**, but not feasible, to gather naturally occurring data	自然発生的なデータを収集することが**望ましかった**だろうが，実行不可能であった
We believe that further research is required, **preferably** over a longer period.	我々は，さらなる調査，**好ましくは**，より長期的な調査が必要だと信じる。

149

Our results indicate that X should **preferably** be as small as possible for efficient diffusion...	我々の結果は，Xは，効率的な拡散のために，できるだけ小さいことが**好ましい**ということを示唆している
It is **shocking** that so little time and energy are spent in the classroom on goal setting	教室内で，目標設定には，時間と労力がほとんど割かれていないということは，**衝撃的である**
These results are **somewhat surprising** as previous literature has suggested...	これらの結果は，**少し驚きでもある**。なぜなら先行研究は…を示してきたからである
This table reveals **surprising** concordance between X and Y	この表は，XとYの**驚くべき**一致を明らかにしている
The proportion of X was **surprisingly** low at 59%	Xの割合は，**驚くほど低く**，59%であった
Surprisingly, we detected similar proportions of X and Y. This finding was unexpected because...	**驚いたことに**，我々は，XとYの間に似た割合を発見した。これは予想外のことであった。なぜなら…
This technology has made almost **unbelievable** advances over the past 20 years	このテクノロジーは，過去20年の間に，**信じられないほどの進歩**を遂げてきた
The question arises as to why some Xs have become **unbelievably** successful while others do not	なぜ，**信じられないほど成功したX**がある一方で，他のものは成功しなかったのか，という疑問が生じる
The clear preference by participants for X over Y is **understandable**, given its more user-friendly characteristics	研究参加者らがYよりXを好む理由は，その使いやすさの特徴を考えると，**理解できる**
Although this concern is **understandable**, few data support it	この懸念は**理解できる**ものであるが，ほとんどのデータはそれを支持していない
Understandably, such problems also increased teachers' stress level and workload	**もっともなことであるが**，そのような問題はまた教師のストレスレベルと負担を増やしていたのだ
It is **understandably** a challenge to quantify overall performance...	全体的なパフォーマンスを数値化しようとすることは，**当然のことながら**，困難である

This was an **unexpected** finding that deserves further study in future trials	これは**予期していなかった**発見であり，将来の治験でさらなる調査に値するものである
An interesting and **unexpected** finding was that...	興味深く，そして**予期していなかった**発見は，…ということであった
Unexpectedly, we found a statistically significant interaction between X and Y	**予期してなかったことだが（意外なことに）**，我々は，XとYの間に統計的に有意な相互作用を発見した
During one year of the study, X incidence was **unexpectedly** low	1年の研究の間，Xの事例は，**意外なほどに**低かった
It is **unfortunate**, however, that most of the previous studies do not report...	しかし，先行研究のほとんどが…を報告していないのは，**残念なことである**
Although this may represent an **unfortunate** sampling bias in the current study, it can also provide a natural explanation for...	このことは，本研究における**不幸な**サンプリングバイアスを示しているかもしれないが，その一方で，本研究は，…についての自然な説明を提供している
Unfortunately, our study does not provide conclusive information on which aspects of X led to...	**不幸なことに**，我々の研究は，Xのどの要素が…につながったのかについて決定的な情報を提供していない
Unfortunately, researchers scarcely took advantage of the benefits...	**不幸なことに**，研究者らは，その利点をほとんど上手く利用してこなかった

命題に対する書き手の評価や判断を示す

The final model in this study seemed to provide an **adequate** fit to the data	本研究で得た最終的なモデルは，そのデータと**十分**フィットしているように見えた
We have described our sample in **adequate** detail so that other researchers can determine...	我々は，他の研究者らが…を決められるよう，我々のサンプルについて，**十分**詳細に描写した
There is a shortage of **appropriate** assessment of...	…についての**適切な**評価法が不足している
We believe that the current approach is **more appropriate** for assessing X than that in previous studies	我々は，本研究のアプローチは，先行研究のアプローチよりも，Xを測定するのに**より適している**と信じる

Some studies that we reviewed were flawed because the data were not analyzed **appropriately**	我々がレビューをした研究の中には，不備のあるものがあった，データが**適切に**分析されていなかったからである
We pointed out that when used **appropriately**, the materials contribute to increased learner motivation...	その教材は，**適切に**使用されるのであれば学習者の動機を高めることに貢献する，と我々は指摘した
We conducted **comprehensive** experiments with the data provided by...	我々は，…によって提供されたデータを用いて，**包括的な**実験を行った
Strengths of our systematic review include its **comprehensive** and up-to-date search on...	我々の体系的なレビューの強みは，…についての**包括的**で最新の調査を父君でいることである
A qualitative approach is **crucial** for this particular research question, given that...	…ということを考えると，このリサーチクエスチョンには，質的なアプローチが**重要である**
Our results reveal that X plays a **crucial** role in helping...	我々の結果は，Xは…を助ける**重要な役**割を果たすことを明らかにしている
Crucially, there was no difference in the two groups' scores for...	**重要なことに**，…についての2グループのスコアに違いはなかった
Crucially, however, these factors were insufficient to explain why...	しかし，**重要なことに**，これらの要因は…を説明するのには十分ではなかった
Rapid and recent developments in X have led to **dramatic** increases in Y	Yの最近の急速な発展は，Xの**顕著な**増加につながってきた
We attribute this **dramatic** finding to the fact that...	我々は，この**注目すべき**発見は…という事実に起因すると考えている
The use of X **dramatically** improved the device stability compared to the use of Y	Xの使用は，Yの使用に比べて，装置の安定性を**顕著に**改善した
These two case studies illustrate **dramatically** different orientations to...	これら2つの事例研究は，…に対する方向性の**顕著な**違いを示している
The results of our study showed that X is **effective** in improving...	本研究の結果は，Xは，…を改善するのに**効果がある**ことを示した

Such a way of working can be an **effective** strategy only in the short-term	そのような働き方は，短期的には**効果がありうるだろう**
Long-term follow up (at least one year, preferably five years or more) is **essential** for the proper evaluation of...	長期的な追跡調査（少なくとも1年，理想は5年以上）が，…の適切な測定のために**不可欠である**
Findings from the current and previous studies were **essentially** similar and substantially in agreement with each other	本研究と先行研究の発見は，**本質的**には同様であり，実質的にお互い一致していた
The design of this study **essentially** followed the one introduced by XXX...	本研究のデザインは，**基本的には**XXXによって紹介されたそれ（デザイン）に従った
This difference was statistically significant, **even** after adjusting for X...	この違いは，Xを調整した後で**さえも**，統計的に有意であった
In some cases, the results **even** became slightly worse	いくつかの事例では，結果は，少し悪く**さえ**なるものがあった
It is unclear that the current results would be **generalizable** to other situations	本研究の結果が他の状況に**一般化できる**かについては，不明確である
We focused only on one area of X, and these results **may not be generalizable** to other setting	我々は，Xのたった1つの側面にしか焦点を当てていないので，これらの結果は，他の状況には**一般化できないかもしれない**
The study of X is **important** because X has been found to be influence...	Xについての研究は**重要である**。なぜなら，Xは…に影響を与えることが分かってきたからである
It can be observed that X is a relatively more **important** factor than Y	XはYよりも（比較的）**重要な**要因であることが観察される
It would be recommendable to use X, and **even more importantly**, to use Y	Xを用いること，**さらにもっと重要なことには**，Yを用いることが推奨される
Most importantly, our study identified opportunities to improve the quality of...	**最も重要なことに**，我々の研究は，…の質を改善する機会を発見したのだ

Patients who are older and... have historically received inefficient and **inappropriate** care	高齢で…な患者は，歴史的に，非効率で**不適切な治療**を受けてきた
As this study excluded X, it is **inappropriate** to draw conclusions about...	本研究はXを含めていないため，…についての結論を出すことは**適切ではない**
The research can be highly **influential** for informing guidelines and evidence-based practice	その研究は，ガイドラインとエビデンスに基づく実践に対して，大きな**影響を与えうる**
Our findings demonstrated that X was more **influential** than Y in predicting...	我々の発見は，…を予想するのに，XはYよりも**影響力がある**ことを示した
We found that there was **a weak** and **marginal** effect of X on Y	XのYに対する効果は，**弱く，あまり重要でない**ことが分かった
Up until now, X plays **only a marginal** role in Y because...	これまで，Xは…という理由で，Yにおいては，**ほんのわずかな役割**しか果たしていない
There were no **notable** differences between the two groups in...	…の点において，2グループの間には，**注目すべき違い**はなかった
It is **notable** that this approach seemed to have increased motivation to...	このアプローチが，…をする動機を高めているように見えたことは，**注目すべきである**
These findings are **noteworthy** in that they reveal...	これらの発見は，…を明らかにしているという点で**注目に値する**
It is **particularly noteworthy** that X is the key for additional biological activity...	Xが，生物活性の鍵となるということは，**特に注目に値する**
There are **only** a handful of studies concerning X...	Xについては，**ほんの一握りの研究**しか存在しない
The study lasted **only** 5 weeks—albeit longer than many other studies...	本研究（の実施期間）は，**たった5週間**だけであった。とはいえ，他の研究よりは長期間ではあるが…
Instances of X are **extremely rare**, except perhaps in...	Xという事例は，**極めてまれである**。おそらく，…という場合を除いて

154

Existing data suggest that serious adverse effects are **very rare** or absent	現存するデータは，深刻な副作用は**非常にまれ**か，あるいは起こらないことを示唆している
When compared to previous studies, these results are **quite remarkable** because...	先行研究と比較すると，これらの結果は，**とりわけ注目に値する**。なぜなら…
X has made **remarkable** progress toward the preparation of...	Xは，…の準備に向けて，**注目すべき進歩**を遂げた
Our study found **remarkably** consistent levels of X across participants	本研究は，参加者の間で，**著しく一貫した**レベルのXを発見した
Remarkably, in spite of this concern within the field of X, little attention has been given to...	**注目すべきは**，X分野におけるこの懸念にも関わらず，…にはほとんど注意が向けられてこなかった
The findings from this group-level analysis are **significant** and **meaningful** in and of themselves	このグループレベルでの分析から得られた発見は，それ自体が**重要で意味がある**
The results indicate that X might play an **especially significant** role in...	本研究の結果は，Xは…，において**特に重要な**役割を果たすかもしれないことを示唆している
Any interpretation based **solely** on self-reports is very complicated	自己報告**だけ**に基づく解釈は，どんなものも非常に複雑である
We found that this relationship was not **solely** related to X	我々は，この関係は，X**だけ**に関係があるのではないことを発見した
The **striking** differences found in this study support the notion that...	本研究で発見された**顕著な違い**は，…という概念を支持するものである
Particularly striking is that three quarters of our participants had decided to...	**特に顕著だったのは**，我々の研究者のうち4分の3が…することを決めていたことである
The pattern found for X is **strikingly** similar to that found for Y	Xで発見されたパターンは，Yで発見されたパターンと**著しく類似している**

Most strikingly, X students significantly outperformed Y students	最も驚いたことには，X学習者は，Y学習者よりも有意に優れていたのである
This activity is **uncommon**, and to the best of our knowledge, has only be observed in...	この活動は珍しい。我々が知る限り，…の中でしか観察されてこなかった
In such a large study, it is **not uncommon to** report low p values...	このような大規模な調査では，低いp値を報告することは珍しいことではない
In the classroom, it was **not unusual** to see teachers presenting grammar explicitly...	教室内で，教師が文法を明示的に説明するのを見ることは珍しいことではなかった
The underlying reasons for this **unusual** behavior have yet to be elucidated	この珍しい行動の裏にある理由は，まだ説明されていない
Among the majority of patients, there was an **unusually** high levels of...	大多数の患者の間で，異常に高いレベルの…が存在した
The present study covered an **unusually** wide range of disciplines	本研究は，これまでにないほどに幅広い分野をカバーした
It is **usual** to simplify the treatment of X in terms of...	…の観点から，Xの取り扱いは，単純化することが普通である
As **usual**, X is defined as... in this study	本研究では，通常通り，Xは，…と定義される

第 2 章

「中立的に書く」
という通説の誤解

Boosters（強調表現）の重要性

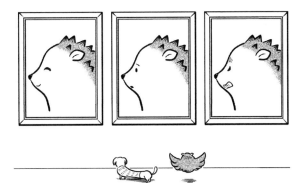

Key Question 3

「科学論文にレトリックは不要である」
という通説は本当か？
「レトリック」とは，例えばどのような表現か？

　科学論文に関する通説の中に，「科学論文の目的は科学を伝えることなので，レトリックは不要」や「科学論文の内容は中立性・客観性が維持されなければならないので，誇張や強調は控える」というものがあります。例えば，以下の例文の下線部の単語は，<u>それがなかったとしても，内容は伝わるため</u>，いわゆる誇張表現になっています。

Cancer <u>indeed</u> accounted for approximately 60% of deaths among women over 50.
癌は，<u>実際のところ</u>，50歳以上の女性の死因のおよそ60%を占めていた。

Alcoholic beverages of 72 g per day must be <u>no doubt</u> considered as a heavy intake.
一日に72gのアルコール飲料は，<u>間違いなく</u>，摂取過剰だと考えられなければならない。

---

indeedやno doubtは，上記の文で，文全体の意味を修飾する副詞として機能しています。ただ，副詞は無くても意味が通じるので，indeedやno doubtを外したとしても，上記の文は2文とも成立します。このような理由から，伝統的な科学論文ガイドブックでは，副詞をはじめとする修飾表現は，いわゆる「冗長さ」につながる不要なものとして，すなわち「科学的でない表現」として扱われる傾向がありました。また，状況や目的に応じて適切に副詞を使いこなすことは，高い語彙力と文章力が求められることから，英語を母語とする書き手にとっても容易なことではありません。そのため，英語を母語としない学習者は，副詞の使用を回避した平易な表現を選択することによって科学を的確に伝えられる，という戦略的な考え方もあったようです。

　しかし，最近のコンポジション研究では，indeedやno doubtのような副詞的な表現は「boosters（強調表現）」と呼ばれ，科学論文の書き手が読み手を誘導するために不可欠な談話標識として注目されるようになっています（Crosthwaite, Cheung, & Jiang 2017; Hyland 2000a, 2000b, 2008; Yang et al. 2015; Zhao 2012）。実際，上記で紹介した2つの文章を下線部がないパターン（下記）と比べてみると，下線部のindeedやno doubtがあることで，文章の単調さが改善されることに加えて，<u>書き手としての自信や確信度の高さが表現され</u>，よりインパクトのある内容

として伝わってくるのではないでしょうか。

Cancer accounted for approximately 60% of deaths among women over 50.
癌は，50 歳以上の女性の死因のおよそ 60% を占めていた。
Cancer **indeed** accounted for approximately 60% of deaths among women over 50.
癌は，実際のところ，50 歳以上の女性の死因のおよそ 60% を占めていた。

Alcoholic beverages of 72 g per day must be considered as a heavy intake.
一日に 72g のアルコール飲料は，摂取過剰だと考えられなければならない。
Alcoholic beverages of 72 g per day must be **no doubt** considered as a heavy intake.
一日に 72g のアルコール飲料は，間違いなく，摂取過剰だと考えられなければならない。

「boosters（強調表現）」は，書き手が，命題に対する確信や自信を示しながら，重要なポイントに読み手の関心を向ける技法として，科学論文において極めて重要な役割を担っています。boosters には，上記で紹介した，indeed や no doubt のような副詞以外にも，believe や prove などの伝達動詞も含まれます。第 2 部第 3 章の「どんな伝達動詞を使うか」のセクションで説明した通り，believe や prove は，命題に対する書き手の確信の高さを読み手に伝えることができ，中立的な意味の indicate や imply よりは断定度が高いといえます。たった 1 つの動詞の選択の中にも，このような微妙なニュアンスの違いがあり，それらを状況に応じて使い分けることで，書き手が主体性を持って読み手を誘導することができるのです。

Exercise 3

次の文の内容に対して書き手としての確信度を高めたり，読み手の注意を引きたい時，どのような表現を使いますか。（　　）内に適切な単語を書いてください。

A	It is (　　　　) difficult, if not impossible, to get reliable long-term noise exposure data by use of direct measurements.
	直接的な測定によって，信頼度の高い長期的な騒音曝露のデータを入手することは，不可能ではないにしても，極めて難しい。
	(Medicine)
B	Among these measurement systems, the optical motion capture (　　　　) plays a prominent role.
	これらの測定システムの中で，オプティカルモーションキャプチャーが，間違いなく，傑出した役割を果たしている。
	(Materials Science)

C	These participants had a (　　　　　) lower risk of developing lung cancer compared to other groups of individuals. これらの研究参加者は, 別のグループと比べて, 肺がんになるリスクが<u>大幅に</u>低かった。 　　　　　　　　　　　　　　　　　　　　　　　　　　　　　　　　　　　（Medicine）
D	These authors (　　　　　) believe that anxiety has negative effects on language acquisition. これらの著者らは, 不安は言語習得に負の影響があると<u>固く</u>信じている。 　　　　　　　　　　　　　　　　　　　　　　　　　　　　　　　（Applied Linguistics）

表3は, 科学論文で用いられるboostersの一覧です。

表3　重要なポイントを強調するBoosters

副詞		動詞・助動詞	
always	常に	believe	～を信じる
beyond doubt	疑う余地なく,	demonstrate	～を示す（証拠によって論証する）
certainly	確かに, 必ず	establish	～を確立する, はっきり示す
clearly	明らかに	find	～を発見する
conclusively	決定的に, はっきりと	know	～を知る
critically	大きく, 非常に	must	～に違いない
definitely	決定的に, 明確に	prove	～を証明する
especially	特に	realize	～を認識する
extremely	極めて	show	～を示す
evidently	明らかに		
firmly	きっぱりと, 固く		
highly	高く		
in fact	実は, 実際		
indeed	全く, 実際		
never	決して…ない		
no doubt	疑いなく		
obviously	明らかに		
of course	もちろん, 当然ながら		
particularly	特に		
substantially	大幅に, 相当		

surely	確かに
tremendously	大いに，ものすごく
truly	本当に，全く
undeniably	否定できないほど
undoubtedly	疑う余地なく
without doubt	疑う余地なく

（Hyland 2000a に基づき作成）

書き手の確信を強調する表現（boosters）

英語論文執筆支援ツール AWSuM に収録された論文（2016年以降に発表された論文が収録されている）の中でも，命題に対する書き手の自信や確信を強調する表現が高い頻度で使用されています。AWSuM に収録された論文の中で見られた例を紹介します。

副詞	There will **always** be some risk of bias in X studies where data are collected by direct observation	データが直接的観察によって集められる X 研究では，**常に**，バイアスというリスクがあるだろう
	Scientific findings are **not always** easy to interpret	科学的発見は，**常に簡単に解釈できるというわけではない**
	This mechanism has been demonstrated **beyond doubt** by multiple lines of evidence	このメカニズムは，**疑いなく**，複数の証拠によって示されてきている
	In contrast to X, Y resources are **beyond doubt** inexhaustible and ubiquitous	X とは対照的に，Y 物質は，**疑いなく**，尽きることがなく，至るところに存在するものである
	This activity is **certainly** interesting and deserves further study	この活動は，**確かに興味深く**，さらなる調査に値するものである
	This finding is not generalizable and **certainly** the study needs replicating in other contexts	この発見は一般化できないので，**必ず**，別のコンテクストで再現される必要がある
	The results of this study will **clearly** be **highly** valuable starting point	本研究の結果は，**明らかに**，**非常に**価値のある出発点となるだろう
	These findings **clearly** demonstrate that X could enhance...	これらの発見は，X が…を高めることを**はっきりと示している**

Our study methodology did not allow us to **conclusively** differentiate between X and Y	我々の研究手法では，XとYをはっきりと区別することはできなかった
The benefit of this approach has not been established **conclusively**	このアプローチの利点は，はっきりとは確立されていない
These research questions are **critically** important to both researchers and practitioners	これらのリサーチクエスチョンは，研究者と実践者の両方にとって，極めて重要である
The environment needs to be taken into account because it **critically** influences the result...	環境が考慮される必要がある。なぜなら，それは（環境は）結果に大きく影響を与えるからである
Death that was considered to be **definitely** due to X occurred in...	Xが原因であると決定的に考えられる死亡は，…で起きていた
Additional research is **definitely** needed to bring more clarity in this matter	この点についてさらに明らかにするために，追加的な調査が，必ず必要である
The use of X is **especially** important when the intervention is potentially of high risk	Xの使用は，介入に高いリスクがある時には，特に重要である
Such results are important, **especially** in view of a recent analysis that suggested...	この結果は，特に…を示唆した最近の分析を考えると，重要である
The possibilities of X are **extremely** limited, even when sufficient data are available	Xの可能性は，たとえ十分なデータが得られたとしても，極めて限定的である
This **extremely** low figure might relate to uncertainties regarding...	この極めて低い数値は，…に対する不確実性と関係しているのかもしれない
Not only quantity but also quality of X **evidently** differs between the two groups	Xの量だけでなく質も，2グループでは，明らかに違っている
Evidently, further research is needed to clarify whether...	明らかに，…かどうかを明らかにするためには，さらなる研究が必要である
The author **firmly** believes that X has a negative effect on Y	著者は，XはYに負の影響を及ぼすということを固く信じている

This phenomenon is **firmly** demonstrated by the shift of X	この現象は，Xの推移によって，**確実に**示されている
The intervention appeared to be **highly** effective in improving...	その介入は，…を改善するのに，**非常に**効果があったように見えた
The development of X is **highly** associated with exposure to Y	Xの発達は，Yにさらされることと，**高く**関係している
Prior studies have demonstrated that.... **In fact**, however, we found that...	先行研究は，…を示してきた。しかし，**実際のところ**，我々は，…を発見した
The effect of X, **in fact**, seems to be influenced by modifiable risk factors such as...	Xの効果は，**実際のところ**，…のような変更可能はリスク要因に影響されるように見える
X is an important focus for previous studies, and, **indeed**, a wide range of interventions have been developed that appear to be successful in helping X	Xは，先行研究の重要な着眼点であり，**実際に**，Xを助けるのに成功するように思われる幅広い介入法が開発されてきた
The change is extremely small. **Indeed**, there is only 2% decrease of...	変化は極めて小さいものである。**実際**，…は，たった2%の減少である
This assumption is hard to make and can **never** be proven	この仮説を立てることは難しく，証明することは**決してできない**
To our knowledge, this assumption has **never** been assessed empirically	我々の知る限り，この仮説が実証的に調査されたことは**全くない**
This situation will **no doubt** become more commonplace in future	この状況は，**疑いなく**，将来当たり前のことになっていくであろう
The increasing importance of X is **no doubt** due to technological progress	Xの益々高まる重要性は，**疑いなく**，テクノロジーの進歩によるものである
As we can see from Figure 1, X is **obviously** larger than Y	図1から分かるように，Xは，**明らかに**，Yよりも大きい
Our results showed that the role of X in Y is **obviously** considerable	我々の結果は，YにおけるXの役割は，**明白に**大きいことを示した

Of course, no definitive answer is evident, but one wonders whether...	**当然のことながら**，唯一のはっきりした答はない。しかし，…かどうかを知りたいと思う
Other explanations must **of course** be considered	**当然のことながら**，他の説明も検討されなければならない
This finding is **particularly** noteworthy because...	この発見は，**特**に注目に値する。なぜなら…
The recurrence of X is **particularly** highly associated with Y	Xの再発は，**特**に高くYと関係している
The proportion of X varies **substantially** across participants	Xの割合は，研究参加者の間で，**相当**違っている
The ability of X can be **substantially** improved using Y	Xの能力は，Yを使うことで，**大幅**に改善することができる
This is **surely** a realistic way to maximize the efficiency	これは，**確か**に，効率性を最大限にする現実的な方法である
The lower capability of X **surely** reduces its usability to some extent	Xの低い能力は，**確か**に，その有効性をある程度は減らしている
Teachers could benefit **tremendously** from training due to their inadequate understanding of...	教師らは，…に対する理解が不十分なため，研修から**大いに**恩恵を得るだろう
The findings reported above will provide teachers with **tremendously** useful information	上述した発見は，教師らに，**非常**に有益な情報を提供するだろう
It is not possible to ensure that the sample of participants is **truly** representative of the entire population of...	研究参加者のサンプルが，**本当**に…人口全体を反映しているかを確かめることは不可能である
A study of X would be a **truly** worthwhile attempt	Xについての研究は，**本当**に価値のある試みになるだろう

	The results show that X and Y are **undeniably** dominant factors contributing to the failure in...	その結果は，XとYは，**まぎれもなく**，…の失敗に寄与する有力な要因であることを示している
	X is **undeniably** useful, yet insufficient in itself to help...	Xは，**まぎれもなく**役に立つが，…を助けるためには，それだけでは十分ではない
	Undoubtedly, there are many other factors that may influence...	**間違いなく**，…に影響を与えるかもしれない他の多くの要因が存在する
	Our findings will **undoubtedly** facilitate and provide new opportunities for the study of...	我々の発見は，**間違いなく**，…についての研究の新しい機会を促進し，提供することになるだろう
	Without doubt, both type of task can be useful tools in education...	**疑いなく**，どちらのタイプのタスクも，教育において有益なツールとなりうる
	These findings have, **without doubt**, contributed to the understanding of...	これらの発見は，**疑いなく**，…についての理解に貢献してきた
動詞・助動詞	We **believe** that our study is the first to show...	我々は，本研究は…を示した最初の研究であると**信じる**
	We **believe** that the present findings **should** be applicable to other situations in which...	我々は，本研究の発見は，…な別の常用にも応用される**べきであると信じる**
	In conclusion, we **demonstrate** that X was critically dependent on Y, as shown in Table 1...	結論として，表1に示されるように，XはYに大きく異存していることを，我々は**示す**
	To our knowledge, this study is the first to **demonstrate** a significant improvement in...	我々の知る限り，本研究は，…の有意な改善を**示す**初の研究である
	In the section above, we have **established** that...	上のセクションで，我々は，…ということを**はっきりと示した**
	No criteria have been **established** for defining ... previously	…を定義する基準は，先行研究では，**はっきりとは示されて**こなかった
	We **found** a strong correlation between X and Y	我々は，XとYの間に強い相関を**発見した**

The largest effect size **was found** for the construct of...	最も大きな効果量が，…の変数において**発見された**
With respect to X, we **have known** for many years that...	Xについては，長年にわたり，…だということが**分かってきた**
It **has been known** for decades that X tends to decline...	数十年にわたり，Xは減少する傾向にあるということが**分かってきた**
There **must** be something else that accounts for X. Established explanations of X are therefore needed...	Xを説明する何か他のものがある**に違いない**。したがって，Xについてのはっきりした説明が必要とされる
Our results suggest that students' improvements in X **must** have been due to Y	我々の結果は，学習者のXにおける改善は，Yによるもの**に違いない**，ということを示唆している
The intervention **proved** to be safe and effective in...	その介入は，…において安全で効果があることが**証明された**
Water **proved** to be essential for the formation of X...	水は，Xの形成に不可欠であることが**証明された**
When we designed the study, we **realized** that such variability would make it difficult to rule out the effect of X	本研究をデザインする際，我々は，そのような変動性がXの影響を排除することを困難にするだろうと**認識していた**
It **has been realized** that X has a potential for developing...	Xは…を発展させる可能性があるということが**認識されてきた**
Our experiments **have shown** that X achieves the best results if combined with Y	我々の実験は，Xは，もしYと組み合わされれば，最善の結果を達成するということを**示した**
The results provided in Table 1 clearly **show** that...	表1に提供された結果は，…であることを明確に**示している**

第 3 章

「曖昧さはタブー」
という通説の誤解

Hedges（緩衝表現）の重要性

Key Question 4

「科学論文に曖昧さは不要である」
という通説は本当か？
「曖昧さ」とは，例えばどのような表現か？

　科学論文に関する通説の中に，「科学論文の目的は科学を伝えることなので，曖昧な表現は不要である」や「科学論文では，自分の主張を最大限客観性を持って主張することが重要なので，抽象的な表現は避け，断定的に書く」というものがあります。この説は，特に，日本の正規教育の中で英語を学ぶ学習者に対して，「日本語で美徳とされる曖昧さは，英語では美徳として解釈されない。だから，英語で書くときは曖昧な表現は避け，はっきりと断定的に書く」というように，言語の文化的背景の違いを根拠として教えられることもあるようです。実際，これまで刊行されてきた英語論文ガイドブックの中には，「日本人は，断定的な言い方を避けようとする傾向が強い」という主張とともに，「英語で文章を書く際は，may や likely といった断定度や確信度を下げる表現は避けること」と明示的に説明するものも見られます。このような背景があるからか，日本で教育を受けてきた大学生や大学院生が書く卒業論文や修士論文の中では，「○○が科学的に証明された」というような表現が過剰に使用される傾向があります。

　しかし，科学研究において，ある問い（リサーチクエスチョン）に対してその最終結論が「証明された」と言い切ることはそう簡単なことではありません。分野・領域による違いはありますが，私たちが目にする現象は，曖昧なものに満ちているのが普通です。また，1 つの研究でできる範囲は限られています。「証明された」と自分自身が考えていても，それは「1 つの見方」に過ぎないことが大半です。したがって，「証明された」という表現は，「とりあえず現段階では証明された」または「本研究が焦点を当てた特定の状況では証明された」というように，限定詞付きで使うことが正しいはずです。その際には，証明の軽重をつけることも必要です。「〜であるに違いない」から，「おそらくそうであろう」まで，「証明された」という解釈の幅は広いはずです。

　読者の方の中には「論文に曖昧な表現があると説得力がなくなるのではないか」という懸念を持たれる方がおられるかもしれません。しかし，普遍的でない現象（＝曖昧な現象）に対して自分がどの立ち位置にいるのか（第 1 部で説明した positioning）を説明することは，決して曖昧なことではありません。先行研究で蓄積・創造されてきた知見の中で自分の研究がどこに位置づけられるのかを主張することは，むしろ曖昧であってはいけないのです。そういう意味

では，厳しい査読を通過しトップジャーナルに掲載されるような良質な論文に曖昧さはありません。そして，そのような論文は，may や likely などの表現を，自分の立ち位置を読み手に示すための談話標識として巧みに，そして慎重に使用している点が重要です。実際，第 2 部で良質な科学論文モデルとして使用した Yu et al.（2019）（*Nature Communications* に掲載）でも，これらの表現が使用されています。

These tumor types <u>may</u> contain poorly differentiated samples, which would make it difficult to distinguish them from other tumor types...

これらの種類の腫瘍には，低分化型のサンプルが含まれる<u>かもしれない</u>。そのため，これらのサンプルと他の種類の腫瘍とを区別することは難しいであろう。

(Results)

...the largest biological signal from the TCGA samples <u>can likely</u> be attributed to the immune cell infiltrate that are present in the primary tumor samples...

TCGA サンプルから得た最大の生体信号は，原発腫瘍に存在している免疫細胞浸透による<u>ものでありそうだ</u>。

(Results)

このように，断定度を弱めて「〜かもしれない」，「〜でありそうだ」と自分自身の主張の「暫定性（tentativeness）」や「可能性（possibility）」を読み手に伝える表現は，コンポジション研究では，「hedges（緩衝表現）」と呼ばれ，それが読み手に与えうる修辞的効果について医学，工学，経営学，哲学に至るまで幅広い分野で研究が行われています（Crosthwaite et al. 2017; Gross & Chesley 2012; Dontcheva-Navratilova 2021; Hyland 1998a, 1998b, 2000a, 2000b, 2001; Kilicoglu & Bergler 2007; Thompson 2012）。

　Hedges（緩衝表現）は，書き手の主張の断定度を下げるという機能に加えて，もう 1 つ重要な機能を備えています。それは，論文の読み手である同じ分野・領域に属する研究者に対する敬意や配慮を示すというものです（Hyland 2005）。科学論文は，研究者間でのコミュニケーションのツールであり，論文で発表する新しい知見は，先行研究の知の蓄積がなければ成立しないものです。加えて，これまで繰り返し述べてきたとおり，「論文とは事実ではなく主張」であり，1 つの切り口から得られた成果に対してそれを普遍化・一般化することは，他の研究者の成果を脅かすことになりかねません。知とは，書き手と読み手との相互作用を通して社会的に構築されるものです。したがって，先行研究の知の創造に貢献してきた読み手に対する敬意や配慮の表現は，科学論文において非常に重要な談話標識であると言えます。

Exercise 4

次の文の内容に対して断定度を弱めながら，書き手としての解釈を慎重に読み手に伝えたい時，どのような表現を使いますか。（　　）内に適切な単語を書いてください。

A	There are (　　　　) few studies that investigate the intelligibility of Japanese students' English accent features. 日本人学習者の英語アクセントの特徴の明瞭性について調査した研究は，比較的少ない。 （Applied Linguistics）
B	Several applications suffer from limitations and is (　　　) less satisfactory. いくつかのアプリには限界点があり，一般的に，あまり満足のいくものではない。 （Computer Science）
C	The associations (　　　　) to be (　　　　) stronger among men and above the age of 60. その関連性は，60歳以上の男性の間で，やや高い傾向があった。 （Medicine）
D	All compounds were acutely cytotoxic, (　　　　) because of their accumulation on cell membranes. すべての化合物は，おそらくは細胞膜上の蓄積が理由で，急性の細胞毒性があった。 （Materials Science）

表 4 は，科学論文で用いられる hedges の一覧です。

表 4　暫定性や可能性を示しながら読み手に配慮する hedge 表現

副詞		動詞・助動詞	
about	おおよそ，大体	appear	〜のように見える
almost	ほとんど	assume	〜だと仮定する，想定する
apparently	見たところ（〜のようだ）	could	〜しうる，〜でありうる
approximately	おおよそ，大体	feel	〜だと感じる
around	大体	guess	〜だと推測する
as far as we know	我々が知る限り	imply	〜をほのめかす，暗示する
fairly	まずまず，大体	indicate	〜を示唆する
for now	さしあたりは	may	〜かもしれない

generally	一般的には，概して		might	〜かもしれない
in general	一般的には，概して		postulate	〜だと仮定する，推定する
in most cases	ほとんどの場合		seem	〜のように見える
in most instances	ほとんどの場合		suggest	〜を示唆する
in our view	我々の見方では		suppose	〜だと仮定する，推定する
largely	大部分は		tend to	〜する傾向がある
likely	〜しそうだ			
mainly	主に			
mostly	大部分は			
often	しばしば			
on the whole	全体的には			
perhaps	おそらく，多分			
plausibly	おそらく，多分			
possibly	おそらく，多分			
presumably	おそらく，多分			
probably	おそらく，多分			
relatively	比較的，他と比べて			
roughly	ざっと，おおよそ，大体			
somewhat	少し			
to a certain extent	ある程度は			
to our knowledge	我々の知る限り			
to some extent	ある程度は			
typically	一般的には			
unlikely	〜しそうにない			

（Hyland 2000a に基づき作成）

書き手の断定度を弱め，読み手に対する配慮を示す表現（hedges）

英語論文執筆支援ツール AWSuM に収録された論文（2016 年以降に発表された論文が収録されている）の中でも，命題に対する書き手の解釈の断定度を弱め，読み手へのポライトネスや配慮を示す表現が高い頻度で使用されています。AWSuM に収録された論文の中で見られた例を紹介します。

副詞	Participants were asked to complete a questionnaire, which took **about** 15 minutes	研究参加者は，アンケートに回答するよう指示された。それは（アンケートの回答は），**約**15分かかった
	About half of the respondents were in their 30s (n = 351, 48.4%), with the other half below...	回答者の**およそ**半数が30代で，他は30歳以下だった
	The suicide rate has increased, with **almost** doubling from 2001 to 2011	自殺率は増加しており，2001年から2011年では，**ほとんど**2倍となった
	The spending increase was driven **almost** entirely by price increase	支出の増額は，**ほとんど**完全に，価格の上昇によって引き起こされていた
	Our results indicate that X is **apparently** attributable to Y, not Z	我々の結果は，Xは，**一見したところ**，ZではなくYに起因する**ようである**ことを示唆している
	Despite this **apparently** simple definition, X is complex phenomenon	この**一見したところ**シンプルに見える定義にも関わらず，Xは複雑な現象なのである
	The length is **around** 10 nm and its diameter is **around** 70 nm	長さは，**約**10ナノメートルで，直径は，**約**70ナノメートルである
	We were able to set up an experimental environment with **around** 1,000 virtual machines	**およそ**1000のヴァーチャルマシーンで，我々は，実験的な環境を作ることができた
	As far as we know, this work is the first attempt to solve the given problem	**我々が知る限りでは**，本研究は，この特定の問題を解決しようとする初の試みである
	As far as we know, no observational study to date has used X...	**我々が知る限りでは**，これまでXを使用した観察研究は行われていない
	For now, we conclude that X **may** be a useful way to...	**今のところは**，我々は，Xは…をする有益な方法である**かもしれない**と結論づける
	For now, our findings suggest that attention must be given to X	**今のところは**，我々の発見は，Xに注意が向けられなければならないことを示唆している

The associations we observed were **fairly** comparable across different groups	我々が観察した関係性は，異なるグループ間で，**まずまず**比較可能なものであった
The rates observed in this study were **fairly** consistent with previously reported rates...	本研究で観察された割合は，先行研究で報告された割合と，**大体**一致するものであった
Past research has **generally** demonstrated that an overall positive effect of X on Y	先行研究は，**概して**，XのYに対する全体的なポジティブ効果を示唆してきた
The number of adverse effects was **generally** low and they were rarely serious	副作用の件数は，**一般的には**低く，あまり深刻ではない
In general, women are found to be more accurate than men in decoding non-verbal cues...	**一般的に**，女性は，非言語の合図を男性より正確に判読することが分かっている
As reflected in Future 1, **in general terms**, there were substantial changes in students' performances...	図1に示されているように，**大まかに言えば**，学習者のパフォーマンスには大幅な変化があった
The pain was usually of short duration and resolved within eight weeks **in most cases**	その傷みは，通常は短い期間であり，**ほとんどの場合は**，8週間以内に解決される
These findings suggest that **in most cases** the participants' assessment reflected the actual situation in which...	これらの発見は，参加者らの評価は，**大部分**，実際の状況を反映していたことを示唆している
As can be seen in Table 1, **in most instances**, this involved a small change...	表1から分かるように，**ほとんどの場合**，これには小さな変化が含まれていた
Our analysis indicated that, **in most instances**, the participants were able to articulate the reason for...	我々の分析は，**ほとんどの場合**，研究参加者らは…の理由についてはっきりと説明することができたことを示した
The difference, **in our view,** is **probably** due to the fact that...	その違いは，**我々の見方では**，**おそらく**，…という事実が理由である
The main contribution of the present study is, **in our view**, that it has highlighted some important aspects of...	本研究の主な貢献は，**我々の考えでは**，…の重要な要素に焦点を当てたことである

The overall increase in X was **largely** driven by Y	Xの全体的な増加は，**大部分は**，Yによって決定されていた
Participants in the two groups had **largely** similar characteristics at baseline	2グループの研究参加者は，ベースラインにおいて，**大部分は**類似した特徴を持っていた
The associations we observed **are likely to** be explained by X	我々が観察した関係性は，Xによって説明できそうである
Patients with X are **more likely** than patients with Y **to** have...	Xを持つ患者は，Yを持つ患者よりも，…をする**傾向がありそうである**
Our results **likely** reflect that X is important...	我々の結果は，Xが重要であることを示唆しているようである
It **seems likely** that, **for now**, X is effective...	**さしあたりは**，Xが効果があると言えそうである
This outcome was **mainly** because of the little change in...	この結果は，**主に**，…でほとんど変化がなかったことが原因であった
The difference was driven **mainly** by factors related to...	その違いは，**主に**，…に関係する要因によって決定されていた
This reaction depends **mostly** on the surface area of carbon...	この反応は，**大部分は**，炭素の表面積に依存している
These studies had findings that were **mostly** consistent with our results	これらの調査は，我々の結果と**大部分は**一致する発見をしていた
It is **often** difficult to determine whether X is primarily the result of Y	Xが本当にYの結果起きていることかどうかを決めることは，**しばしば**困難である
These scores are **often** considered sufficient for university admission...	これらのスコアは，**しばしば**，大学入学には十分だと考えられている
On the whole, a number of English learners **appear to** lack the pragmatic knowledge...	**概して**，多くの英語学習者は，実践的な知識が不足している**ように見える**

The present study found that, **on the whole**, X is more significantly effective than Y	本研究は，**概して**，X は Y よりも有意に効果があることを発見した
This method is not always effective, **perhaps** because...	この手法は，**おそらく**…という理由で，いつも効果があるというわけではない
Perhaps most commonly cited evidence for this is that...	**おそらく**，これに関して最もよく引用されているエビデンスは，…ということである
These differences **can plausibly** be attributed to...	これらの違いは，**おそらく**…に起因する**可能性がある**
The low rates of X **may** be **plausibly** linked to Y...	X の低い割合は，**おそらく**，Y と関係があるのかもしれない
Possibly, the results **indicate** that X makes greater contributions to Y	**おそらく**，この結果は，X が Y に多大な貢献をすることを**示唆している**
This difference did not reach statistical significance, **possibly** due to a small sample size	この違いは，**おそらくは少ないサンプル数**が理由で，統計的には有意な差には至らなかった
The outcome of this study will **probably** result in a shift to...	本研究の結果は，**おそらく**，…への変化という結果につながるであろう
The improved outcomes we observed are **probably** the best that can currently be achieved...	我々が観察した改善された結果は，**おそらく**，現在達成できる最善のものである
Relatively high carrier mobilities were observed in...	**比較的**高い電子移動度が…で観察された
The results indicated **relatively** low correlations between X and Y	その結果は，X と Y の間には**比較的低い**相関しかないことを示した
Our algorithm can be **roughly** divided into three parts, namely (1)..., (2)..., and (3)...	我々のアルゴリズムは，**ざっと**3 つの部分に分けられる。つまり，(1) …，(2) …，(3) …である
The data suggested that all participants were at **roughly** the same proficiency level	そのデータは，すべての研究参加者が，**大体**同じ習熟度であることを示唆していた

175

Since this categorization is **somewhat arbitrary**, sensitivity analyses were performed...	この分類は，やや恣意的であるため，反応度分析が行われた
The association between X and Y **appeared to** be **somewhat** stronger among women than among men...	X と Y の関係は，男性よりも女性の方が**幾分強いように見えた**
This study suggests that X could, **to a certain extent**, be predicted on the basis of Y...	本研究は，X は Y に基づいて，**ある程度は**予測できることを示唆している
Our results suggest that X can be improved **to a certain extent** by careful selection and combination of...	我々の結果は，…の注意深い選択と組み合わせによって，X は**ある程度**改善できることを示唆している
X and Y overlapped **to some extent**, but they are not the same concepts	X と Y は，**ある程度は**オーバーラップしていたが，それらは同じコンセプトではない
The beneficial effects of X **may, to some extent**, depend on individual differences	X の効果は，**ある程度は**個人差によるの**かもしれない**
This method **typically** requires an additional process using...	この手法は，**一般的には**，…を用いて追加のプロセスが必要となる
We found that the surface area of X is **typically** less than 20nm in diameter...	我々は，X の表面積は**大体が**直径20nm 以下であることを発見した
It **seems unlikely** that the differences have anything to do with X...	その違いは X とは関係が**なさそうである**
It therefore **seems unlikely** that the former caused the latter	それゆえに，前者が後者を引き起こしている（前者が後者の原因である）ということは**なさそうである**
This approach is **unlikely** to be completely effective in solving the problem of...	このアプローチは，…の問題を解決するのに完全に効果があるということは**なさそうである**
The results suggest that any differences among groups' learning gains were **unlikely** to be due to differences in...	本研究の結果は，グループ間の学習成果の違いは，…の違いによるもの**ではなさそうである**ことを示唆している

	To our knowledge, no study to date has demonstrated that...	我々の知る限りでは，これまでに…を報告した研究は存在しない
	To our knowledge, the current study is the first attempt to examine in depth...	我々の知る限りでは，本研究は，…について詳細に調査した初の試みである
動詞・助動詞	Xs appear to be sufficient conditions for the effect observed here	Xは，ここで観察された効果を得るには十分な状態であるように見える
	These results appear to suggest that X plays a pivotal role in...	これらの結果は，Xが…において中心的な役割を果たすことを示唆しているように見える
	For the current available data, it appears that there is a difference between X and Y	現在入手できるデータでは，XとYの間には違いがあるように見える
	On the basis of these result, it appears that X heavily influences Y	これらの結果に基づくと，XはYに非常に大きな影響を与えているように見える
	We assume that X does not depend on Y, implying...	我々は，XはYには依存せず，そのことは…を暗示していると仮定している
	Therefore, it is reasonable to assume that X may temporarily increase Y	したがって，XはYを一時的に増加させているかもしれないと仮定することは合理的である
	This could be a potential explanation for the X found in this study	このことは，本研究で発見されたXの説明となりうる
	The variability in the results could be due to differences in...	結果の変動性は，…の違いが原因である（によって引き起こされた）可能性がある
	Overall, we feel with reasonable certainty that the evidence presented here is of moderate quality	全体として，我々は，ここに提示したエビデンスは良質であると妥当な確実度で感じている
	We feel that by using real data for these simulations, we ensure that the results are realistic...	我々は，これらのシミュレーションで本物のデータを使うことによって，結果が確実に現実的なものになると感じている
	We guess that the optimal level of X is slightly above...	我々は，Xの最適な値は…よりわずかに上であると推測している

We **guess** this is because the noise involved in this data is limited	我々は，このことはデータに含まれるデータのノイズに限りがあったことが理由だ**と推測している**
These findings **imply** that X is capable of triggering Y...	これらの発見は，XはYを引き起こすことができる**ということを暗示している**
We found no difference in effectiveness among Xs, **implying** that intervention can be delivered effectively by appropriately trained instructors...	我々は，Xの間に効果の違いを発見しなかった。このことは，介入は，適切に訓練された指導者によって行われれば，効果を適切に届けられる**ということを示唆している**
Our results **indicate** that the potential effects of X on Y **may** vary by preparation methods	我々の結果は，XのYに対する潜在的な効果は，どのような準備をしていたかによって変わる**かもしれないことを示唆している**
The Cronbach's alpha of the scale was 0.70, **indicating** an acceptable level of reliability	その尺度のクロンバックアルファは0.70であり，それは妥当な信頼性係数である**ことを示唆している**
It **may** not be adequate to use these two thresholds for model evaluation, as there are many other possible factors...	モデル評価にこれら2つの閾値を使うのは十分でない**かもしれない**。他に可能性のある要因があるからである
These results **may** explain why different research into this area has generated different results	これらの結果は，この領域の研究がなぜ異なる結果を生み出してきたのか，その理由を説明している**かもしれない**
This was an observational study; therefore, the observed associations **might** not be causal	これは，観察に基づく研究である。したがって，観察された関係性には，因果関係はない**かもしれない**
The fact that this study yielded different results from most previous studies **might** be due to contextual variation	本研究が先行研究の大部分と異なる結果を出したという事実は，おそらく，コンテクストの違いによるものである**かもしれない**
On the basis of the outcome described in Table 1, we **speculate** that X **may** be characterized by Y	表1に示された結果に基づいて，我々は，XはYによって特徴づけられる**かもしれないと推測している**

We **speculate** that these results **might** be relevant to other populations as well	我々は，これらの結果は，別の母集団にもまた関係すること**かもしれない**と**推測**している
The existing proposals **seems** to be still ineffective, which justifies that further action must be taken	現在あるプロポーザルは効果がない**ように見える**。そのことは，さらなる行動が取られなければならないことを正当化している
It **seems unlikely** that the difference in treatment of X alone could drive the difference in Y	Xの違いの治療だけがYの違いを引き起こすということは**なさそうに見える**
Overall, our results **suggest** that higher X is associated with lower levels of Y...	全体として，我々の結果は，高いXは低いYレベルと関係している**ことを示唆**している
X was found to be the strongest predictor of Y, **suggesting** that X plays a role in promoting Y...	XはYの最も強い予測因子であることが発見された。そのことは，XがYを促進する役割があること**を示唆している**
It **seems** reasonable to **suppose** that there are two different developmental paths whereby...	…には，2つの異なる発達経路があるのではないかと**仮定する**ことは合理的であ**るように思える**
On this basis, we **supposed** that using X would lesson the chance that...	このことに基づいて，我々は，Xを使用することは，…の可能性を下げるのでは**ないかと仮定した**
Reactions with the X materials **tend to** be accelerated by increasing temperature...	X物質との反応は，増加する温度によってさらに加速する**傾向がある**
In our analysis, X **tended to** be positively associated with Y...	我々の分析では，XはYと正の関係がある**傾向があった**

第 4 章

「I や We の使用は禁止」
という通説の誤解

書き手の主体性を示す時と示さない時を使い分ける

Key Question 5

「科学論文で I や We を使ってはいけない」 という通説は本当か？ なぜ，一人称を主語とする能動態が 科学論文では好ましくないのか？

一人称を使ってはいけないという普遍的なルールはない

　科学論文に関する通説の中に，「科学論文では客観的事実のみを書くべきなので，I や We の使用は避ける」というものがあります。「一人称を主語とする文章は，書き手の主観的視点が含まれるから」という考え方がその理由です。そして，この通説は，I や We の代わりに，the writer や the author を使う，または，it is thought that..., it is felt that..., it is believed that..., it is understood that... などの形式主語を用いることを推奨してきました（Cutts 2020, p. 75）。

　本書の「第1部・準備編」では，科学論文のこうした通説について，それがいつどのようにして生まれ，どのようにして研究者コミュニティに浸透していったのかについて歴史的・通時的な観点から概観しました。そして，この通説のルールが，

- 17世紀，世界最大の科学アカデミーであったロンドン王立協会が推奨した「プレーンスタイル（plain style）」にまでさかのぼること，
- プレーンスタイルでは，読み手の社会的地位や専門性に影響を受けない，誰にとっても同じ意味になるような「脱コンテクスト化されたテクスト」が理想とされたこと，
- そのために，書き手の存在をできる限り消し，「対象中心（objet-centered）」かつ「非ナラティブ（non-narrative）」型の文章が推奨されたこと，
- この規範に従って論文を書くことがすなわち世界最大の科学アカデミーの一員として認められることを意味した，

という点を確認しました。「科学論文で，I や We を使ってはいけない」というルールの誕生とその後の根強い浸透には，当時の科学界を支えていた「実証主義（positivism）」的認識論とロンドン王立協会という学術団体としての権威の力学が大きく作用していたと言えます。

　しかし，「第1部・準備編」で説明した通り，「科学論文で I や We を使ってはいけない」とす

る普遍的なルールはありません。どのような「状況」で，どのような「目的」で，どのような「読み手」に向けて書いているのかといった「コンテクスト」によって，好ましい書き方は異なります。現在は，このような社会的アプローチがコンポジション研究の潮流となっており，「IやWeの使用は禁止」という静的で固定化したルールは，古いしきたりと考えられるようになっています。それとともに，書き手としての「主体性」が読み手に伝わる文章が求められるようになってきています。

　Cutts（2020）は，行為者の存在が見えない受動態の文章の問題点を次のように指摘しています。

A common problem with the passive is that the doers may go missing, so it gives constructions like *The drums are being played, Mistakes have been made,* and *The trees will be felled tomorrow,* from which responsibility and agency have vanished.

（Cutts 2020, p. xxxi）下線は筆者による。

The myth that *I* and *we* should be avoided in formal reports has crippled many writers, causing them to adopt clumsy and confusing constructions like... using impersonal passives (e.g., *It is considered that fluoridation of drinking water is beneficial to health.*) — from which readers have to guess who is expressing the view: the writer, wider scientific opinion, public opinion, or all three. Readers should not have to guess.

（Cutts 2020, p. 75）下線は筆者による。

Cutts（2020）が述べているように，受動態の文章には，書き手の「責任」や「主体性」が消えてしまうという問題があります。そしてそれゆえに，述べられている見解が「誰のものなのか」が読み手にとって不明瞭になります。述べられた見解は，（論文の）筆者の主張なのか，広く認められた科学的見解なのか，一般的な見解なのか，それとも，これら3つ全てを含むのか…読み手はそれを文脈から「推測」しなければなりません。しかし，科学論文が書き手の主張であるという出発点に立ち返るならば，科学論文で述べられた主張の責任の所在を読み手に推測させるというような事態は避けなければなりません。実際，「IやWeの使用（能動態の文）を推奨する」と明示的にガイドラインに記述する国際ジャーナルも増えてきている（第1部・準備編，表4「21世紀型・国際ジャーナルの投稿規定」を参照）ことを第1部・準備編で説明しました。

　次のセクションでは，どのようなコンテクストでは能動態が好まれ，どのようなコンテクストでは受動態が好まれるのかについて，実際の論文で使用された文例を元に学習していきましょう。

Key Question 6

I や We を主語とする文（能動態）がふさわしいのは，
どのような状況か？

一人称（I や We）の使用がふさわしい状況

　多くの場合，科学論文では，書き手としての「主体性」を読み手に明確に示したい時に一人称の使用が好まれます。より正確には，次のような状況です。

- 書き手としての解釈や見解を強調したい時
- 書き手としての責任を明確にしたい時
- 書き手としての確信や自信を強調したい時
- 書き手と読み手の一体感を作りたい時

Exercise 5

(5)-1. A と B のどちらの文章が好ましいでしょうか？ なぜそう思いますか？

A	In studying American popular culture of the 1980s, the question of to what degree materialism was a major characteristic of the cultural milieu was explored.
B	In our study of American popular culture of the 1980s, we explored the degree to which materialism characterized the cultural milieu.

(The Writing Center, UNC 2020)

(5)-2. A と B のどちらの文章が好ましいでしょうか？ なぜそう思いますか？

A	To determine the mechanism for the direct effect of contrast media on heart muscle mechanics, the study on heart muscles isolated from cats was carried out.
B	To determine the mechanism for the direct effect of contrast media on heart muscle mechanics, we carried out the study on heart muscles isolated from cats.

(Hofmann 2010, p. 45)

一般に，主語が長くなればなるほど，読み手側は統語処理が困難になり，文章が理解しにくくなります。さらに，文章の書き手がここで述べられた調査に携わったのであれば，そのことを直接的・明示的に伝えることで，書き手かつ研究者としての責任をも読み手に示すことができます。したがって，Exercise 5 は（1）（2）ともに，Bの方が読み手にとって好ましいと言えるでしょう。

　重要なことは，「受動態・能動態，あるいは，客観的・主観的という2つの価値の間に優劣の差はない」ということです。書き手に求められることは，社会的コンテクスト（どんな状況で・どんな目的で・どんな読み手に向けて文章を書いているのか）に応じて，社会的に適切な文体を「選択する」ということです。「受動態にすれば文体が客観的で科学的になる」という通説は誤りであると考えてよいでしょう。

> So don't be seduced by the idea that impersonal writing makes you sound more scientific: no one ever became a scientist by wearing a white laboratory coat.

(Cutts 2020, p. 76)

書き手の主体性を示す表現

　英語論文執筆支援ツールAWSuMに収録された論文（2016年以降に発表された論文が収録されている）の中でも，書き手の主体性を示す目的でIやWeが高い頻度で使用されています。そのうち使用頻度が高かった例を状況・目的別に紹介します。

書き手としての解釈や見解を示す	**We think** that part of this difference is explained by...	我々は，この相違点は部分的には…によって説明されると考えている
	We consider that Lautamatti's (1987) opinion is more successful than...	我々は，Lautamatti（1987）の定義の方が成功していると考えている
	We interpret these results to suggest...	我々は，これらの結果が…を示すものだと解釈している
	We are aware that X may be useful in investigating...	我々は，Xが…の調査において有益であるかもしれないと認識している
	We speculate that this may be due to differences in...	我々は，このことは…の違いによるものかもしれないと推測する

	To conclude, **I would like to point out** the benefits of having...	最後に，私は，…を持つ利点について**指摘したい**
	What **I would like to emphasize** here is that...	ここで，私が**強調したい**ことは，…ということである
書き手としての確信や自信を示す	Drawing on the described concepts, **I argue** that emotions do not solely come from...	ここで述べられた概念に基づいて，私は，感情というのは単に…から来るものではないと**主張する**
	We believe we have shown reliably that it is possible to...	我々は，…が可能であることを**説得的に示すことができた**と信じる
	We strongly believe that there is a potential to...	我々は，…するポテンシャルがあるということを**強く信じる**
	By using evidence from X, **we were able to** identify...	Xからのエビデンスを用いることによって，我々は，…を**発見することができた**
	Following Hoff (2017), **we assume** that...	Hoff（2017）による研究に基づいて，我々は，…であると**強く考えている**
	We are certain that X reduced...	我々は，Xが…を減少させることを**確信する**
	We are confident that an estimate of effect is correct...	我々は，効果推定量が正しいことに**自信がある**
書き手としての責任を示す	To address this issue, **we conducted** an updated meta-analysis of...	この問題について調査するため，我々は，…について最新のメタアナリシス**を行った**
	To address this clinical need, **we developed** an algorithm to generate...	この臨床上のニーズに応えるため，我々は，…を作成するアルゴリズム**を開発した**
	To identify the impacts of X, **I investigated** how...	Xの影響を確かめるため，私は，どのように…なのか**を調査した**
	To limit the possibility of bias, **we decided** to exclude...	バイアスの可能性を減らすため，我々は，…を除外すること**を決定した**

Because of the significance of this scale, **we decided not** to include...	この尺度の有意性のために，**我々は，…を含めないことを決定した**
We needed to make the distinction between X and Y	**我々は，**XとYの区別をする**必要があった**
In selecting participants, **we had to ensure** that...	研究参加者を選定するにあたり，**我々は，**…ということを**確認しなければならなかった**
In conclusion, **we did not find** strong evidence for...	結果的に，**我々は，**…の強いエビデンスは**発見しなかった**
We did not attempt to draw any firm conclusions regarding X...	**我々は，**Xに関しては，はっきりした結論**を引き出す試みをしなかった**

書き手と読み手との一体感を作り出す	**As we can see from** Fig 1, X is obviously larger...	**図1から，我々（＝著者と読者を含む）が分かるように，**Xは明らかに大きい…
	As we can see in Table 3, X clearly exhibits...	**表3で，我々（＝著者と読者を含む）が分かるように，**Xは明らかに…を示している
	As we have already seen, X was frequently used...	**ここまでで，我々（＝著者と読者を含む）が見てきたように，**Xは頻繁に使われていた
	In order to allow our readers to compare **our findings** with a common standard, **we calibrated**...	読者の皆さんが，**我々の結果を**一般的な基準と比較できるよう，**我々は…を測定した**
	As X is likely to be new for many readers, **we provide** additional detailed description of...	Xは，読者の皆さんにとって新しいかもしれないので，**我々は，**さらに詳細な説明を**提供する**

Key Question 7

受動態がふさわしいのは，
どのような状況か？

受動態がふさわしい状況

　前のセクションでは，書き手としての主体性や見解に対する責任を読み手に示したい時，モノよりも行為者の方を強調したい時には，IやWeで始まる能動態がふさわしいと説明しました。しかし，だからといって，文脈を無視した過度な能動態の使用は，論文全体の洗練性を下げることになり，好ましくありません。文脈や目的，また読み手のニーズによっては，能動態よりも受動態がふさわしい場合があります。一般に，次のような状況では受動態が適切です。

・読み手が「誰がそれを行ったのか（特定の行為者）」を知る必要がない時
・行為者よりも手順や手法の方に読み手の注意を向けたい時
・行為者よりも得られた結果の方に読み手の注意を向けたい時
・前文の内容を次の文で継続して説明する時（読み手をスムーズに次の文へ導きたい時）

Exercise 6

(6) -1. AとBのどちらの文章が好ましいでしょうか？　なぜそう思いますか？

A	Robust isolation of viral RNA from animal whole blood samples Utilizing the QIAamp cador Pathogen Mini Kit permits the processing of animal whole blood samples without clogging of the spin column. <u>We isolated viral RNA</u> from the whole blood samples from various species.
B	Robust isolation of viral RNA from animal whole blood samples Utilizing the QIAamp cador Pathogen Mini Kit permits the processing of animal whole blood samples without clogging of the spin column. <u>Viral RNA was isolated</u> from whole blood samples from various species.

(Flüge, Krüger, Leifholz & Engel 2017, p. 3)

(6) -2. AとBのどちらの文章が好ましいでしょうか？なぜそう思いますか？

A	Most of the world's diamonds are found in cooled volcanic lava tubes. The stones originally form at great depth under high pressure and temperature. Molten magma that rises up through lava tubes and volcanic pipes often transports them, and thus brings them closer to the surface of the Earth's mantle and crust where they can be mined.
B	Most of the world's diamonds are found in cooled volcanic lava tubes. The stones originally form at great depth under high pressure and temperature. They are often transported by molten magma that rises up through lava tubes and volcanic pipes often transports them, and thus brought closer to the surface of the Earth's mantle and crust where they can be mined.

(Hofmann 2010, p. 47)

(6) -1は，"Robust isolation of viral RNA"がトピックとなっており，このトピックについての説明が一文目から二文目に亘って続くことを読み手は期待します。行為者We isolated…で始まる能動態は，著者らが強調するに値する「独創的な研究手法」を用いた場合には望ましいといえますが，特段そのような書き手の主体性の強調が必要でない場合は，Viral RNA was isolated…で始まる受動態を使うことで，こちらのトピックの方に読み手の注意を向けたまま，スムーズに次の文へ移行することができます。(6) -2は，"most of the world's diamonds"というトピックについての説明文ですので，読み手はこのトピックに主眼を置いて文を処理していきます。人はリニアーにしか読めないので，三文目で，突然，"Molten magma"という新しいトピックが登場すると読み手は混乱する可能性があります。したがって，ここは，前文の内容（the stones）を代名詞theyで受けて受動態で始めることで，スムーズな文処理を促進することができます。以上のことから，(6) -1，(6) -2ともに，Bの方が読む側にとっては好ましいといえるでしょう。

　下記は，英語論文執筆支援ツールコーパスAWSuMに収録された論文（2016年以降に発表された論文が収録されている）の中で見られた受動態の例です。

	It **is widely accepted** that...	…ということは，広く認められている
読み手が特定の行為者を知る必要がない	It **is widely acknowledged** that...	…ということは，広く認められている
	It **is generally agreed** that...	…ということは，一般的には同意されている
	It **is generally assumed** that...	…ということは，一般的には自明のことと考えられている

It is well established that...	…ということは，十分に確立されている
It is well known that...	…ということは，十分に知られている
X has been discussed as a promising alternative to Y	Xは，Yの有望な代替案として，議論されてきた
The relationship between X and Y has not been evaluated in many studies	XとYの関係は，多くの研究で評価されてこなかった
A beneficial effect of X on Y has not been previously reported	XのYに対する効果は，過去には報告されてこなかった
The role of X in Y has not been well studied	YにおけるXの役割は，十分には調査されてこなかった
This assumption has never been empirically assessed so far	この前提は，これまでのところ，実証的な測定はなされてこなかった
Until now, this strategy has never been fully explored	この戦略は，現在までのところ，十分に調査されてこなかった
In this paper we discuss X, which has never been adequately dealt with in previous studies	本稿で，我々は，Xについて論じる。これは（Xは）先行研究では十分に取り扱われてこなかった

	The number of characters was held constant to reduce the possible effect of X on Y	XのYに対する影響を減らすため，性質の数は一定に保たれた
読み手の注意を向ける　行為者よりも手法や手順の方に	The post-intervention tests were held three months after X	事後介入テストは，Xの3ヶ月後に実施された
	The structure of X was investigated by means of Y	Xの構造が，Yという手法で調査された
	The optimal properties of the samples were investigated by measuring X	そのサンプルの最適な性質が，Xを測定することによって調査された
	A measurement of processing X was derived from response time on...	Xの処理の測定は，…の反応時間から導き出された

190

	Tumor samples **were derived** from patients enrolled in...	腫瘍サンプル**は**，…に登録した患者から**得られた**
	When X **was added** to the regression, Y was no longer a significant predictor	Xが回帰分析に**加えられた**時には，Yは，もう有意な予測因子ではなかった
	When all errors **are added** up, there are moderate differences among...	すべてのエラー**が合算される**時，…の間では中程度の差がある
	We focused on RCTs because they **are considered** to represent high quality evidence	我々は，RCTに焦点を当てた。なぜなら，RCT**は**質の高いエビデンスを反映すると**考えられる**からである
	Observational methods **have been considered** to be one of the most valuable ones to...	観察**は**，…するための最も重要な手法の1つだと**考えられてきた**
	Think-aloud protocols **are used** to explore whether...	思考発話法**が**，…かどうかを調査するため**に使われる**
	Examples of approaches that **have been used** to create X are...	Xを作成するために**使われてきた**アプローチの例**は**，…である
読み手の注意を向ける　行為者よりも得られた結果の方に	The same issues and problems we consider **are seen** in many other research disciplines	我々が考慮する同じ課題と問題**が**，他の多くの研究分野で**見られる**
	Statistically significant differences **were seen** between X and Y	XとYの間には，統計的に有意な差**が見られた**
	Significant correlations **are observed** between X and Y	XとYの間には，有意な相関関係**が観察される**
	Similar patterns of associations **were observed** for X	類似の関係パターン**が**，Xにおいて**観察された**
	The strongest correlations **are found** for X and Y	XとYに，最も強い相関**が発見される**
	These challenges **were found** to be largely attributed to the lack of X	これらの困難点**は**，大部分はXの不足によるものだと**発見された**

None of these factors **was identified** as a single cause of X	これらのどの因子も，Xの唯一の原因ではないことが**発見された**
Such softening devices **have been identified** as important for X	そのような緩和装置は，Xにとって重要であることが**発見されてきた**
Somewhat different results **were obtained** for X	Xについては，少し異なる結果が**得られた**
Significant performance improvements **can be obtained** by combining the two models	2つのモデルを組み合わせることによって，有意なパフォーマンスの改善が**得られる**
No adverse effects **were reported** in either of the trials	どちらの治験においても，有害な影響は**報告されなかった**
Many genetic risk factors **have been reported** to modify susceptibility to allergy	多くの遺伝子性リスクファクターが，アレルギーに対する反応を改良すると**報告されてきた**
The structure of X **was shown** to be analogous to that of Y	Xの構造は，Yの構造と類似していることが**示された**
These changes **have been shown** to be associated with histological improvement...	これらの変化は，組織的な改善と関係があることが**示されてきた**
On average, each recording included approximately 21 topics. These topics **were** then **divided** into the same 13 categories used for the previous textbook topic analysis	それぞれの録音には，平均して約21のトピックが含まれていた。これらのトピックは，その後過去の教科書トピック分析で使用されたのと同じ13のカテゴリーに**分けられた**
The active layer was spincoated at 1000 rpm for 60 seconds. The samples **were heated** for 30 minutes at a temperature of 115 ℃	活性層が，1000rpmの水準で60秒間スピンコートされた。そのサンプルは，115℃の温度で30分**加熱された**

前文の内容を受けてスムーズな流れを作る

Wordsmith was used to search for these key words and create the preliminary categories. Further categories **were created** through searching the remaining data	これらのキーワードを検索し，予備的なカテゴリーを生成するために，ワードスミスが使用された。その後，さらなるカテゴリーが，残りのデータを検索することを通して**生成された**
The purpose of this study is to present a more in-depth analysis of the Florida Acid Deposition Study Phase II data set. Specifically, the analysis **was performed** to address the following questions	本研究の目的は，Florida Acid Deposition Study Phase IIのデータセットを，質的により深く分析することである。特に，その分析は，次の問いを調査するために**実施された**
The data on the questionnaire were transcribed exactly as entered. The transcription of the data for each case **was done** individually by two transcribers	質問紙のデータは，実際に記入された通りに正確に文字化された。それぞれの事例についての文字化されたデータは，二名の記録者によって別々に**行われた**

＊コラム

IやWeなどのself-mentionに対する考え方 ──「理系と文系で違うのか？」という議論──

　本書では，科学論文に関する様々な通説を再考し，それらの多くが現在は「古いしきたり」と考えられるようになっていることを解説しました。「科学論文ではIやweの使用は避ける」というように「非人称性（impersonality）」を推奨する通説もその1つです。科学論文で認められない主観的記述とは，論拠が示されていない判断や主張のことで，IやWeを主語にした文のことではありません。科学論文とは，書き手の主張を論拠とともに示すジャンルであり，書き手の主観を論文から完全に排除することはそもそも不可能なのです。

　しかし，科学論文におけるself-mentionに対する見方やその使い方は分野によって違うのではないか？ 特に，理系と文系では違いがあるのではないか？… このような疑問を持つ読者がおられるかもしれません。ある特定の専門分野において理想とされるコミュニケーションのあり方は，それぞれの分野に固有のものがあります。そして，理想とされる語られ方（ディスコース）を共有することで，そのコミュニティの結束性がさらに強まるという性質を持っています。応用言語学の領域では，このように，ある特定の分野に固有のディスコースを研究対象とするEnglish for Specific Purposes（ESP）と呼ばれる研究領域があり，1990年代初頭頃から北米を中心に研究が進められ，現在では1つの領域として確立されています。

　ESP研究でよく知られる研究者の一人であるKen Hylandは，科学論文におけるIやweなどself-mentionの使用が，理系と文系でどう違うのかを調査しました（Hyland 2002b）。この調査を実施するにあたり，Hylandは，理系4分野と文系4分野の計8分野のトップジャーナルから，それぞれ30編の論文を選び，総論文数240編，総語数1,323,000 wordsのコーパスを構築しました。そして，self-mentionのI, me, my, we, us, ourがどのくらいの頻度で出現するかを，分野別に比較しました。表5は，その結果です。

表5　各分野の論文におけるself-mentionの出現頻度（10,000 wordsごと）

	Discipline	Self-Mentions
Hard Science	Biology	33.6
	Physics	40.5
	Electronic Engineering	37.1
	Mechanical Engineering	15.2
	Average	31.3

Soft Science	Marketing	54.5
	Philosophy	49.6
	Applied Linguistics	47.3
	Sociology	40.3
	Average	47.8

　表5から，理系・文系ともに論文でIやweが使用される傾向があり，「科学論文における非人称性」という通説は理系・文系ともに廃れてきている可能性が示唆されます。しかし，Mechanical Engineeringでは，他の分野と比べてIやweの使用頻度が顕著に低いことは注目に値します。この結果は，論文におけるself-mentionの使用とその見方には，いわゆる「理系」中でも，分野・領域による違いがあることを示しており，「理系」という単純なラベルで複雑な言語現象を記述しようとすることの限界を示唆しています。

　それでは，Iやweは論文の中で主にどのような目的で使用されるのでしょうか？Hylandは，self-mentionは論文の中で大きく4つの目的で使用されることを明らかにしました。(1) 研究目的を述べる（In this paper, we clearly demonstrate that...），(2) 研究手順を説明する（We analyzed the effect of the thermal couplings on...），(3) 結果を述べる（We found that...），(4) 著者としての主張・見解を述べる（My point here is that...）。表6は，これら4つの目的別にself-mentionがどの程度，各分野の論文に出現したかをまとめています。

表6　self-mentionの目的別出現比率（%）

目的	Hard Science				Soft Science			
	Bio	Physi	EE	ME	Mkg	Phil	AL	Soc
研究目的を述べる	9	18	14	16	24	26	11	11
研究手順を説明する	57	46	50	49	44	5	39	26
結果を述べる	19	19	15	18	26	30	25	28
著者としての主張・見解を述べる	15	17	20	14	19	41	25	20

　表6から，理系・文系ともに，Iやweは「研究手順を説明する」という状況において高い頻度で使用される傾向があることが分かります。しかし，Philosophyでは，この目的での使用率が最も低く，代わりに，「著者としての解釈・見解を述べる」という目的において，self-mentionの使用が他の分野と比べて顕著に高くなっています。この結果は，論文におけるself-mentionの使用には，分野に共通の類似点もあれば分野による相違点もあること，そして，重要なことには，いわゆる「文系」の中においても，分野・領域に固有の根本的な志向性の差異，論じ方や語り方の慣習の差異があることを示しています。

　ESP研究では，このように分野特有のディスコースやレトリックを明らかにしようとする試みの中で，多種多様な学術分野を理系と文系の2つに区分して研究結果を論じることがよくあります。しかしながら，表5と表6の結果を見る限り，複雑な学術分野を「理系」と「文系」という2つに単純化し，「二項対立」の構図の中で言語現象を論じることには注意が必要であることも忘れてはならないでしょう。Hyland（2002b）の中で扱った8つの学術分野の中でも，計量的な研究手法を採用する文系領域もあれば，質的な研究手法を用いる理系領域もあるかもしれません。学際的な異分野融合型研究が奨励される風潮のある今世紀においては，好まれる語られ方のダイナミズムにますます拍車がかかることになるかもしれません。本書では「21世紀型の科学論文」に焦点を当てましたが，今後も科学論文の語られ方にはパラダイムシフトが起きる可能性があります。本書で繰り返し述べてきたように，科学研究が「どのように語られるべきか」，「どのような言語をコミュニケーションの手段とするべきか」といった問題は，社会的な制度やイデオロギーと連動しているからです。

あとがき

　文章を書くことは，書き手が頭の中にある思考を言語化する行為です。文字にして，図形にして，まるで絵を描くように，頭の中を書き写していくのです。しかし，この思考の書き写しは，「人が読む」ことが前提となると簡単なことではありません。思いのままに文一つひとつをばらばらに書いてしまうと，読み手を混乱させてしまいます。また，文章を書くことには，時に，ある一定の規範に従うことが求められます。読み手が期待する文体や構成を書き手が共有できていなければ，言語にとって最も重要な，情報を適切に伝えるという機能に支障をきたす場合があります。

　「どのような流れで書くか」，「どのような文体や構成で書くか」といったことには，ある一定のコツがあります。また，頭の中にある思考を「人が読む」前提で書く場合には，「読み手の立場になって書く」，つまり「続きが読みたくなるように読み手を導く」というマインドセットが非常に重要になります。学校教育の中ではあまり教えられないこうしたコツやマインドセットの方法を，日本の読者の方々にお伝えできればという思いが，本書の構想に繋がりました。

　分かりやすい文章を書く方法が知りたい。採択される論文を書く方法が知りたい。おそらく多くの方がそうした思いを持って，本書を手に取ってくださったと思います。本書をつうじて，書き方のコツを知り，読み手意識を高めることで，読者のみなさまの文章技術が上がり，ご自身の研究成果を文章を通じて読み手に伝えることができるようになってくださることを心から願っています。

　本書のタイトルは，『英語科学論文をどう書くか：新しいスタンダード』です。「新しいスタンダード」という文言が入っていますが，これは完全にオリジナルで普遍的価値を持つスタンダードという意味ではなく，過去に刊行された数多くの類書の知見を統合し，新しい切り口でその知見を「再構築」したものとご理解いただければと思います。本書の中でも触れたように，好まれる書き方や文体は，時代の変化とともに変わっていきます。本書の内容は，先人たちの知見の宝庫を，21世紀を生きる読者のみなさまのニーズに合うようアップデートしたものです。本書が「21世紀の科学論文についての新しい考え方」を知るきっかけになったと思っていただけたのであれば，筆者としてこれほど嬉しいことはありません。

　本書の内容に際し，山口泰先生（東京大学），大森一郎先生（福井大学），宇野真由美先生（大阪産業技術研究所）からご意見やご助言をいただきました。もちろん，本書の内容の最終的な責任は筆者に属しますが，自然科学系の研究者からのご見解をお聞きできたことは人文系の筆者にとって大変貴重であり，本書の内容の発展に繋がったことは間違いありません。

　そして，本書の趣旨や目的をご理解くださった上で素敵なイラストを描いてくださった萱島雄太さん，ブックデザインをご担当くださった春田ゆかりさんにも，大変お世話になりました。本書を世に送り出すために，原稿に付加価値をつけてくださったことに深く感謝しています。

　最後に，本書の編集担当として，ひつじ書房の相川奈緒さんには，企画の段階から約2年に亘り，

多大なるお力添えをいただきました。フォーマットの改善だけでなく，「どうすれば内容がより分かりやすくなるか」を常に読者の視点に立って考えてくださるプロの編集者さんです。本書が視覚的にも内容的にも読みやすく分かりやすいものになっているとすれば，それはひとえに相川さんのおかげです。

　このような温かいサポートの輪の中で生まれた本書が，読者のみなさまのお役に立つことを心から願いつつ，擱筆いたします。本書を最後までお読みくださり，ありがとうございました。

　2021年8月

保田幸子

参考文献

American Association for the Advancement of Science (2020). *Science*: Information for authors. Retrieved August 15, 2020, from https://www.sciencemag.org/authors/science-information-authors

Atkinson, D (1999). *Scientific discourse in sociohistorical context: The Philosophical Transactions of the Royal Society of London, 1675–1975.* New York: Routledge.

Ball, P. (2015). 'Novel, amazing, innovative': Positive words on the rise in science papers. *Nature News*. Retrieved March 20, 2021, from https://www.nature.com/news/novel-amazing-innovative-positive-words-on-the-rise-in-science-papers-1.19024

Bhatia, V. K. (1991). A genre-based approach to ESP materials. *World Englishes, 10*, 153–166.

Bondi, M. (2012). Voice in textbooks: Between exposition and argument. In K. Hyland & C. S. Guinda (Eds.), *Stance and voice in written academic genres* (pp. 101–115). Palgrave Macmillan.

Cameron, D. (2012). Epilogue. In K. Hyland & C. S. Guinda (Eds.), *Stance and voice in written academic genres* (pp. 249–256). Palgrave Macmillan.

Carter, C. L., Allen, C., & Henson, D. E. (1989). Relation of tumor size, lymph node status, and survival in 24,740 breast cancer cases. *Cancer, 63*, 181–187.

Choudhury, B. (2019). *English social and cultural history: An introductory guide and glossary*. Delhi: PHD Learning Private Limited.

Crosthwaite, P., Cheung, L., & Jiang, F. (2017). Writing with attitude: Stance expression in learner and professional dentistry research reports. *English for Specific Purposes, 46*, 107–123.

Cutts, M. (2020). *Oxford guide to plain English* (fifth edition). Oxford: Oxford University Press.

Dean, N. (2019). How to write an abstract: The five question technique. *Nature Masterclasses*（ネイチャー誌編集者による英語論文作成オンライン講座）.

DiPardo, A., Storms, B. A., & Selland, M. (2011). Seeing voices: Assessing writerly stance in the NWP Analytic Writing Continuum. *Assessing Writing, 16*, 170–188.

Dontcheva-Navratilova, O. (2021). Engaging with the reader in research articles in English: Variation across disciplines and linguacultural backgrounds. *English for Specific Purposes, 63*, 18–32.

Dressen-Hammouda, D. (2014). Measuring the voice of disciplinarity in scientific writing: A longitudinal exploration of experienced writers in geology. *English for Specific Purposes, 34*, 14–25.

Eisenstein, E. L. (1985). On the printing press as an agent of change. In D. R. Olson, N. Torrance, & A. Hildyard (Eds.), *Literacy, language, and learning: The nature and consequences of reading and writing* (pp. 19–33). Cambridge: Cambridge University Press.

Federal Plain Language Guidelines (2011). Retrieved August 15, 2020, from https://plainlanguage.gov/law/

Flowerdew, L. (2005). Integrating traditional and critical approaches to syllabus design: The 'what', the 'how' and the 'why'? *Journal of English for Academic Purposes, 4*, 135–147.

Fløttum, K. (2012). Variations of stance and voice across cultures. In K. Hyland & C. S. Guinda (Eds.), *Stance and voice in written academic genres* (pp. 218–231). Palgrave Macmillan.

Flüge, D., Krüger, L., Leifholz, S., & Engel, H. (2017). Isolation of viral RNA, viral DNA and bacterial DNA from animal samples. *Qiagen Sample to Insight*, 1–6.

Foucault, M. (1972). *The archaeology of knowledge*. New York: Harper.

Foucault, M. (1980). *The order of things: An archaeology of the human sciences*. New York: Random House.

Gimenez, J. (2008). Beyond the academic essay: Discipline-specific writing in nursing and midwifery. *English for Academic Purposes, 7*, 151–164.

Gray, B., & Biber, D. (2012). Current conceptions of stance. In K. Hyland & C. S. Guinda (Eds.), *Stance and voice in written academic genres* (pp. 15–33). Palgrave Macmillan.

Gross, A. G., & Chesley, P. (2012). Hedging, stance and voice in medical research articles. In K. Hyland & C. S. Guinda (Eds.), *Stance and voice in written academic genres* (pp. 85–100). Palgrave Macmillan.

Groves, T., & Abbasi, K. (2004). Screening research papers by reading abstracts: Please get the abstract right, because we may use it alone to assess your paper. *BMJ, 329*, 470–471.

Halloran, S. M., & Whitburn, M. D. (1982). Ciceronian rhetoric and the rise of science: The plain style reconsidered. In J.J. Murphy (Ed.), *The rhetorical tradition and modern writing* (pp. 58–72). New York: Modern Language Association.

Hammond, J., & Macken-Horarik, M. (1999). Critical literacy: Challenges and questions for ESL classrooms. *TESOL Quarterly, 33*, 528–544.

Henry, A., & Roseberry, R. (1998). An evaluation of a genre-based approach to the teaching of EAP/ESP writing. *TESOL Quarterly, 32*, 147–156.

Hirsch, J. E. (2005). An index to quantify an individual's scientific research output. *Proceedings of the National Academy of Sciences of the United States of America, 102*, 16569–16572.

Hofmann, A. H. (2010). *Scientific writing and communication: Papers, proposals, and presentations*. Oxford University Press.

Hood, S. (2012). Voice and stance as APPRAISAL: Persuading and positioning in research writing across intellectual fields. In K. Hyland & C. S. Guinda (Eds.), *Stance and voice in written academic genres* (pp. 51–68). Palgrave Macmillan.

Hyland, K. (1998a). *Hedging in scientific research articles*. Amsterdam: Benjamins.

Hyland, K. (1998b). Persuasion and context: The pragmatics of academic metadiscourse. *Journal of Pragmatics, 30*, 437–455.

Hyland, K. (2000a). *Disciplinary discourses: Social interactions in academic writing*. Edinburgh, UK: Pearson.

Hyland, K. (2000b). Hedges, boosters and lexical invisibility: Noticing modifiers in academic texts. *Language Awareness, 9*, 179–197.

Hyland, K. (2001). Bringing in the reader: Addressee features in academic articles. *Written Communication, 18*, 549–574.

Hyland, K. (2002a). Activity and evaluation: Reporting practices in academic writing. In J. Flowerdew (Ed.), *Academic discourse* (pp. 115–130). London: Longman.

Hyland, K. (2002b). Self-citation and self-reference: Credibility and promotion in academic publication. *Journal of the American Society for Information Science and Technology, 54*, 251–259.

Hyland, K. (2004). *Genre and second language writing*. Ann Arbor: The University of Michigan Press.

Hyland, K. (2005). Prudence, precision, and politeness: Hedges in academic writing. *Quaderns de Filologia. Estudis Lingüístics. Vol. X*, 99–112.

Hyland, K. (2008). Disciplinary voices: Interactions in research writing. *English Text Construction, 1*, 5–22.

Hyland, K. (2012). Undergraduate understandings: stance and voice in final year reports. In K. Hyland & C. S. Guinda (Eds.), *Stance and voice in written academic genres* (pp. 134–150). Palgrave Macmillan.

Kilicoglu, H., & Bergler, S. (2007). Recognizing speculative language in biomedical research articles: A linguistically motivated perspective. *BioNLP 2008: Current trends in biomedical natural language processing*, 46–53.

Leki, I. (2003). Living through college literacy: Nursing in a second language. *Written Communication, 20*, 81–98.

Marx, P. (2020). Anti-elite politics and emotional reactions to socio-economic problems: Experimental evidence on "pocketbook anger" from France, Germany, and the United States. *British Journal of Sociology, 71*, 608–624.

Matsuda, P., & Tardy, C. (2007). Voice in academic writing: The rhetorical construction of author identity in blind manuscript review. *English for Specific Purposes, 26*, 235–249.

Mizumoto, A., Hamatani, S., & Imao, Y. (2017). Applying the bundle-move connection approach to the development of an online writing support tool for research articles. *Language Learning, 64*, 885–921.

Morton, J., & Storch, N. (2019). Developing an authorial voice in PhD multilingual student writing: The reader's perspective. *Journal of Second Language Writing, 43*, 15–23.

Mueck, L. (2019). Language issues in scientific writing. *Nature Masterclasses*（ネイチャー誌編集者による英語論文作成オンライン講座）.

Mustafa, Z. (1995). The effect of genre awareness on linguistic transfer. *English for Specific Purposes, 14*, 247–256.

O'Hallaron, C. L., Palincsar, A. S., & Schleppegrell, M. J. (2015). Reading science: Using systemic functional linguistics to support critical language awareness. *Linguistics and Education, 32*, 55–67.

Ong, J, W. (1982). *Orality and literacy*. New York: Routledge.

Paltridge, B. (2004). Academic writing. *Language Teaching, 37*, 87–105.

Pang, T. T. T. (2002). Textual analysis and contextual awareness building: A comparison of two approaches to teaching genre. In A. M. Johns (Ed.), *Genre in the classroom: Multiple perspectives* (pp. 145–161). Mahwah, NJ: Lawrence Erlbaum.

Plain Language Action and Information Network (2010). Law and requirements. Retrieved January 21, 2020, from https://plainlanguage.gov/law/

Prior, P. (2001). Voice in text, mind, and society: Sociohistoric accounts of discourse acquisition and use. *Journal of Second Language Writing, 10*, 55–81.

Sasaki, M., & Hirose, K. (1996). Explanatory variables for EFL students' expository writing. *Language Learning, 46*, 137–174.

Schimel, J. (2012). *Writing science: How to write papers that get cited and proposals that get funded*. Oxford University Press.

Simon, M. K., & Goes, J. (2013). *Dissertation and scholarly research: Recipes for success*. Seattle, WA: Dissertation Success LLC.

Springer Nature (2020). Cover letter. Initial submission. Retrieved August 15, 2020, from https://www.nature.com/nature/for-authors/initial-submission.

Stock, I., & Eik-Nes, N. L. (2016). Voice features in academic texts—A review of empirical studies. *Journal of English for Academic Purposes, 24*, 89–99.

Surridge. C. (2019). How to engage your readers in scientific writing. *Nature Masterclasses*（ネイチャー誌編集者による英語論文作成オンライン講座）.

Swales, J. M. (1990). *Genre analysis: English in academic and research settings*. Cambridge: Cambridge University Press.

Swales, J. M. (2004). *Research genres: Explorations and applications*. Cambridge: Cambridge University Press.

Tardy, C. (2009). *Building genre knowledge*. West Lafayette, IL: Parlor Press.

Tardy, C., & Matsuda, P. K. (2009). The construction of author voice by editorial board members. *Written Communication, 26*, 32–52.

The Lancet (2020). Information for authors. Retrieved August 15, 2020, from https://www.thelancet.com/pb-assets/Lancet/authors/tl-info-for-authors.pdf.

The Writing Center, University of North Carolina at Chapel Hill (2020). Should I use "I"? Retrieved March 20, 2020, from https://writingcenter.unc.edu/tips-and-tools/should-i-use-i/

Thompson, P. (2012). Achieving a voice of authority in PhD theses. In K. Hyland & C. S. Guinda (Eds.), *Stance and voice in written academic genres* (pp. 119–133). Palgrave Macmillan.

Trimbur, J. (1990). Essayist literacy and the rhetoric of deproduction. *Rhetoric Review, 9*, 72–86.

Verback, B. (2019). How to write the results section. *Nature Masterclasses*（ネイチャー誌編集者による英語論文作成オンライン講座）.

Vinkers, C. H., Tijdink, J. K., & Otte, W. M. (2015). Use of positive and negative words in scientific PubMed abstracts between 1974 and 2014: Retrospective analysis. *BMJ, 351*, 1–6.

Yang, A., Zheng, S-Y., & Ge, G-C. (2015). Epistemic modality in English-medium medical research article: A systemic functional perspective. *English for Specific Purposes, 38*, 1–10.

Yasuda, S. (2011). Genre based tasks in foreign language writing: Developing writers' genre awareness, linguistic knowledge, and writing competence. *Journal of Second Language Writing, 20*, 111–131.

Zhao, C. G. (2012). Measuring authorial voice strength in L2 argumentative writing: The development and validation of an analytic rubric. *Language Testing, 30*, 201–230.

井下千以子（2008）『大学における書く力考える力：認知心理学の知見をもとに』東信堂

伊丹敬之（2001）『創造的論文の書き方』有斐閣

上村泰裕（1998）書評：上田良二「科学論文における主観と客観」『学燈』3月号，1986年．閲覧日2020年2月3日 http://www.social.env.nagoya-u.ac.jp/sociology/kamimura/uyeda2-04.htm

木下是雄（1981）『理科系の作文技術』中公新書

木下是雄（1994）『レポートの組み立て方』ちくま学芸文庫

木下是雄（1996）『日本人の言語環境を考える：木下是雄集3』晶文社

斎藤美奈子（2007）『文章読本さん江』ちくま文庫

高木廣文（2011）『質的研究を科学する』医学書院

戸田山和久（2002）『論文の教室：レポートから卒論まで』日本放送出版協会

戸田山和久（2013）「科学技術政策の変遷」伊勢田哲治・戸田山和久・調麻佐志・村上祐子編『科学技術を

よく考える：クリティカルシンキング練習帳』（pp. 188–192）名古屋大学出版会

野口ジュディ・松浦克美・春田伸（2015）『ジュディ先生の英語論文の書き方』講談社

松木啓子（2007）「アカデミックライティングの社会記号論：知識構築のディスコースと言語イデオロギー」『言語文化』（同志社大学言語文化学会）9巻, 635–670.

松木啓子（2013）「Plain Englishの詩学と政治学：英語コミュニケーションの規範をめぐって」『コミュニカーレ』（同志社大学グローバルコミュニケーション学会）2巻, 1–19.

三浦崇宏（2020）『言語化力』SBクリエイティブ株式会社

水本篤（2017）『英語学術論文執筆支援ツールAWSuMマニュアル』閲覧日2019年8月10日 http://langtest. jp/awsum/manual/AWSuM-Manual_J.pdf

村上陽一郎（1996）「未来からのメッセージ：科学研究環境の変化をどう捉えるか」『情報管理』39巻, 187–198.

文部科学省（2019）『高等学校学習指導要領（平成30年度告示）解説：国語編』閲覧日2020年3月25日 https://www.mext.go.jp/content/1407073_02_1_2.pdf

保田幸子（2021）「科学論文における主観性：アカデミックディスコース概念の再考」『日本教育工学会論文誌』45巻, 1–13.

保田幸子・大井恭子・板津木綿子（2014）「日本の高等教育における英語ライティング指導の実態調査」*JABAET Journal, 18*, 51–71.

康永秀生（2016）『必ずアクセプトされる医学英語論文：50の鉄則』金原出版株式会社

山崎茂明（1995）「科学論文のスタイルと論文のまとめかた」『薬学図書館』40巻, 161–166.

解答と解説

第 1 部

Exercise 1

［話し言葉］
- ・文と文が等位接続詞 and で接続されている。そのため，論理展開が付加的なのか，時間的なのか，因果的なのかが分かりにくい（→文と文の結束性が明示的に示されていない）。
- ・事象が日常会話的で使用される一般的な単語で描写されている（例：the earth was void and empty.）
- ・非文法的な文が見られる（例：God saw the light that it was good.）。

［書き言葉］
- ・文と文が when や while などの接続詞，then や thus などの接続副詞でつながっており，論理展開が分かりやすい（→文と文の結束性が明示的に示されている）。
- ・事象が専門用語を用いて正確に詳細に描写されている（例：the earth was a formless wasteland）。
- ・物事の呼称を定め，用語を定義する際に対象となる言葉を引用符で囲んでいる（例：God called the light 'day' and the darkness he called 'night.'）。

Exercise 2

［目的（Purpose）］
　研究成果を，その重要性や新規性が読み手に伝わるように報告し，評価を受けること。口頭発表と異なり，論文にすると時間の経過とともに文献的価値が付与され，知的財産物として後世に残るため，長い歴史を経て評価を受けることが可能になる。対象となる分野・領域，ひいては人間社会の発展に寄与すること。

［読み手（Audience）］
　論文が掲載される学術誌の読者（同じ分野・領域に所属する研究者，その分野・領域に関心があり，研究対象を広げようとしている研究者，その分野・領域についての知見を深めようとしている学生）。

［伝える内容（The content）］
　研究の背景・学術的意義（Introduction），研究課題（Research Questions），研究方法（Methods），研究結果（Results），考察（Discussion），結論（Conclusion），謝辞（Acknowledgements），参考文献（References），付録（Appendices）

［言語的特徴（Linguistic features）］
- ・総論：学術的でフォーマルな書き言葉
- ・各論：研究内容を的確に，説得的に読み手に伝えることのできる語彙的・文法的資源

Exercise 3

（1）主観的（訳：この会社はお客様のニーズを大事にしていないと私は思う。）
　　この会社がお客様のニーズを大事にしているかいないかは，個人の判断に依拠するため，主観的であると言える。

（2）客観的（訳：Mitt Romney が最近述べたように，米国の世帯のおよそ 47% が所得税を払っていない。）

47 パーセントの世帯が所得税を払っていないという観察が実証データに基づいているのであれば，客観的であると言える。

（3）主観的（訳：このオペレイティングシステムは大部分の人にとってスピードが遅過ぎるので，ベストなものではない。）

「遅過ぎる」，「ベストではない」という観察は，個人の判断に依拠するため，主観的であると言える。

（4）客観的（訳：その企業の収益は，新しい製品の導入のおかげで，昨年二倍に増加した。）

「二倍」という数値と，この数値と要因の「因果関係」が実証データによって裏付けられているのであれば，客観的であると言える。

Exercise 4

［（1）本文中の言語］

・専門家だけでなく一般読者（non-specialists）でも理解できるような文章を書く。

・ある分野では当たり前になっている概念が，別の領域の読み手にとっては馴染みがないかもしれないことを想定して書く。したがって，専門用語はできる限り使用しない。どうしても使用せざるを得ない時は，その定義を明確にする。

・略語の使用は最小限にとどめる。使用する場合は，最初に使用する際に，その略語が何を表すのかを定義する。

・研究の背景，意義，結論を明確にする。

・特にタイトルとアブストラクトは，誰にとっても明瞭で読みやすい文章にする。

［（2）図のタイトル］

・図は，アラビア数字で番号を記し，本文中で出てくる順番で記載する。

・図は，1 列か 2 列にするのが望ましい。

・必要に応じて，エラーバーを入れる。

・図が分割される時は，タイトルに，**Figure 1 a, b**…というように，小文字かつ太字でa，bを付与する。

・図の中はすべて同じ文字のデザインを使用する。

・図のタイトルは，頭文字だけを大文字にし，後はすべて小文字にする。

・本文中で言及されない図は入れない。表やヒストグラムで示されるデータについても，本文中で簡単に言及する必要がある。

［（3）参考文献の書き方］

・参考文献は，本文中に出てくる順番で記載する。

・1 つの文献につき，1 つの番号を記す。

・タイトルのある学術誌や認知されたプレプリントサーバーによってアクセプトされ刊行された文献のみを記載する。

・4 名以上の著者がいる場合は，全ての著者の名前を記す。5 名以上になった場合は，第一著者の名前だけ記し，et al.（他）を続ける。

・著者の名前は last name を最初に記し，その後にコンマを置き，first name をイニシャルで記す。

・論文のタイトルはローマン体で記し。オリジナルの通りに正確に書く。冒頭の単語の頭文字のみ大文字

にし，最後にピリオドを打つ。

・本のタイトルは斜字体で記し，タイトルで使われる全ての単語は頭文字を大文字で記す。

・学術誌のタイトルは斜字体で記し，略語を用いる。最後にピリオドを打つ。学術誌の号の番号とその後に続くコンマは，太字にする。

Exercise 5

［本文中の言語］（ B ）

　解説　*Nature Physics* の投稿規定によると，略語は，最初に使用する際にその略語が何を表すのかを定義しなければならない。Aでは，YSRという略語が，その定義の説明がないまま使われている。Bでは，Yu-Shiba-Rusinov（YSR）というように，略語がスペルアウトされている。

［図のタイトル］（ A ）

　解説　*Nature Physics* の投稿規定によると，図が分割される時は，**Figure 1 a, b** というように，小文字，かつ太字のアルファベットを使わなければならない。Bでは，A, B, というように，大文字のアルファベットが使われており，太字にもなっていない。

［参考文献の書き方：論文］（ B ）

　解説　*Nature Physics* の投稿規定によると，論文のタイトルは，冒頭の単語の頭文字のみ大文字で記し，後は小文字で記さなければならない。また，学術誌の号とその後に続くコンマは，太字にしなければならない。Aでは，論文のタイトルで全ての単語の頭文字が大文字で表記されている。加えて，学術誌の号の番号が太字になっていない。

［参考文献の書き方：本］（ A ）

　解説　*Nature Physics* の投稿規定によると，本のタイトルは斜字体で記し，タイトルで使われる全ての単語は頭文字を大文字で記さなければならない，Bでは，本のタイトルが斜字体になっていない。加えて，本のタイトルの冒頭の単語のみが頭文字で記されている。

Exercise 6

1. （ A ）
2. （ A ）

　解説　プレーンスタイルとは，書き手の存在が明示的に表出されない「対象中心（object-centered）」の「非ナラティブ（non-narrative）」型の語りのことである。プレーンスタイルが科学論文の主流だった17世紀当時は，読み手の社会的地位や職業などのコンテクストに影響を受けない，誰にとっても同じ意味になるような「脱コンテクスト化されたテクスト」が理想とされた。プレーンスタイルの規範に従えば，1は，書き手中心の能動態の文Bよりも，対象中心の受動態の文Aの方が好ましい，ということになる。2は，書き手の存在が明示的に示されている文Bよりも，書き手の存在が見えない文Aの方が好ましい，ということになる。

Exercise 7

これで，恒温性動物はエタノールを分解して有効なエネルギー源にしていることがわかる。そこで，次の問題が出てくる。「これらの動物はエタノールの化学エネルギーを何に使うのか。」

Exercise 8

解答と解説は本文中にあり。

Exercise 9

解答と解説は本文中にあり。

Exercise 10

[I assume]　（　C　）
[I summarize]　（　A　）
[I argue]　（　B　）

解説　"assume"には「（明確な証拠はまだないが）…を確かだと思う，…であると想定する」という意味があります。"I assume..."という表現を通して，まだ真偽が確かめられていない現象について，どのような仮説を立てているのか，研究者としてどのように考えるのかを読み手に伝えることができます。
　　"summarize"には「…を要約する，手短に述べる」という意味があります。"I summarize..."という表現を通して，得られた研究結果を簡潔に分かりやすく整理するだけでなく，研究者として得られた結果をどのように解釈するのか，どこがどのように重要だと考えるのかを読み手に伝えることができます。
　　"argue"には「（問題など）の是非を（理由・証拠をあげて）論ずる」，「（自身の見解を理解してもらうために説得的に）主張する」という意味があります。"I argue..."という表現を通して，様々な見方がある中で研究者としてどのような論点を持つのか，どのような立ち位置にいるのかを読み手に伝えることができます。

Exercise 11

Aの"speculate"には「…について憶測する，推測する」という意味があります。"We speculate..."には，that 以下の内容について断定的な解釈を避けておくという書き手の意向が表れています。
Bの"conclude"には「…と結論を下す，…と決定する」という意味があります。"We conclude..."には，that 以下の内容については確実で疑う余地がないと書き手が考えていることが示されています。

Exercise 12

Aの書き手は，"clearly"（明確に）を使うことによって，研究成果に対する著者としての確信や自信を読

み手に伝えようとしています。

一方で，Bの書き手は，"might possibly"（おそらく…かもしれない）を使うことにより，研究成果に対する断定度を下げ，継続的な検証が必要であるという書き手としてのvoiceを慎重に読み手に伝えています。

さらに，"might possibly"には，同じコミュニティで知の創造に貢献してきた読み手に対する「配慮」や「敬意」の意味も込められています。

第2部

Exercise 1

［(1) 新聞記事］

　見出し → 前文*（リード）→ 本文

［(2) 研究計画書（プロポーザル）］

　研究の目的 → 研究の背景 → 問い（リサーチクエスチョン）→ 研究方法 → 予想される結果と意義，重要性

［(3) 科学論文］

　研究の概要 → 研究の背景 → 問い（リサーチクエスチョン）→ 研究方法 → 研究結果 → 考察 → 結論

* 前文（リード）：いわゆるダイジェスト。一面トップ記事の場合は，全文が1,000字以上になることもあるので，この前文で全体の内容を簡潔に要約します。ここを読めばどんなニュースなのかが大まかに分かるようになっています。

Exercise 2

解答と解説は本文中にあり。

Exercise 3

［What does it mean?（それは何を意味するのか？）］ → Discussion

［Why did you do it? And what did you do?（なぜそれをしたのか？何をしたのか？）］ → Introduction

［How did you do it?（どうやってそれをしたのか？）］ → Methods

［What did you find out?（何を発見したのか？）］ → Results

Introductionで読み手を導く重要表現

［Move 1. 研究課題を確立する］

　・X is （ worth ）investigating

　・X plays a crucial/pivotal （ role ）in addressing the issue of...

　・The past （ decade ）has seen the rapid development of X

［Move 2. 先行研究を紹介する］

　・X has been investigated in a wide（　range　）of studies

　・To（　date　）, researchers have attempted to evaluate the impact of X

　・Over the past decades, significant（　progress　）has been made in X

［Move 3. 未解明の課題や不十分な点を指摘する］

　・（　Despite　）these outcomes, little is known about X

　・Little attention has been（　paid　）to X

［Move 4. 本研究の目的を述べる］

　・In this article, we（　aimed　）to examine...

　・In this paper, we（　focused　）on...

　・The（　objectives　）of this research are to determine whether...

　・This study（　seeks　）to obtain data which will help to address these research gaps

　・We took X into（　consideration　）as an indicator of Y...

　・In this report, we tested the（　hypothesis　）that...

　・The study was conducted in the form of a（　questionnaire　）, with data being gathered via...

Exercise 4

解答と解説は本文中にあり。

Exercise 5

［Numerous studies **have shown**（多くの研究が〜を示してきている）］ → 中立的な立場

［Fisher *et al*., **found**（Fisher らは〜を発見した）］ → 中立的な立場

［these authors **concluded**（これらの著者らは〜と結論付けた）］ → 確信度が高く，断定的

［Valagussa *et al*., **noted**（Valagussa らは〜と述べた，言及した）］ → 中立的な立場

［These authors **were not able to** quantitatively **relate** X with Y（これらの著者らは X と Y を計量的に関連づける
　ことができなかった）］ → 確信度が高く，断定的

Exercise 6

　Hyland（2002a）の調査結果によると，文系の論文では，argue や claim など，著者が高い確信度で自身の
見解を述べる伝達動詞の出現頻度が高いが，これらの動詞は，理系の論文での出現頻度は低い。代わりに，
理系の論文では find や report など著者が中立的な立場で情報を伝える伝達動詞の出現頻度が高い。

(1) explains

(2) describes

(3) suggests

(4) states

(5) identifies

(6) implies

(7) argues

(8) highlights

(9) points out

(10) shows

Methods で読み手を導く重要表現

［Move 1. 研究対象（データソース）について説明する］

・Data / were (obtained) from...

・The data in this study (consisted) of / were made up of / were comprised of four sources

・A total of 1,234 students (participated) in the study

・The participants were (selected) on the basis of...

・The (criteria) for selecting patients were that...

・Those aged between 18 and 25 years were (involved / included) in the study

・The participants had been studying English for nearly six years (at) the time of the study

・The participants were selected from urban, rural, and suburban high schools in an effort to ensure that the sample was (representative) of the population

・The two groups were comparable in (terms) of their linguistic knowledge

・We (opted) for a small sample size on the basis of / due to...

［Move 2. 研究手順について説明する］

・The study used qualitative analysis in order to gain (insights) into...

・Qualitative analysis was conducted in order to (supplement) the results of the quantitative analysis

・The X test was performed for the (purpose) of... ing

・The final model was chosen on the (basis) of Y

・(Subsequently), these functions were tested

Results で読み手を導く重要表現

［Move 1. 研究目的と手法を簡潔に説明する］

・This study (aimed) to investigate...

212

・The main （ purpose ） of this study was to examine...

［Move 2. 研究結果を報告する］
　・We （ detected ） X
　・We （ observed ） X
　・These tests （ revealed ） that...
　・There was a statistically significant relationship X and Y with （ regard ） to Z
　・There were no significant differences between X and Y in （ terms ） of Z

［Move 3. 研究結果についてコメントする］
　・These findings （ confirm ） our hypothesis that...
　・（ Taken ） together, the results indicate that...
　・This finding is noteworthy （ given ） that...

Discussionで読み手を導く重要表現

［Move 4. 本研究の意義について説明する］
　・Our findings are in （ line ） with the results of Cummins (2007)
　・Our findings are in （ accordance ） with the results of Cummins (2007)
　・Our findings are （ consistent ） with the results of Cummins (2007)
　・In （ contrast ） to earlier findings (e.g., Claire et al. 2012), we found...
　・（ Unlike ） previous studies, we found...

［Move 5. 本研究の限界点について述べる］
　・The study is not （ without ） limitations
　・The findings of this study cannot be （ generalized ） to X
　・（ What ） remains to be answered / be clarified / be ascertained is that...
　・（ Given ） that our findings are based on a limited number of participants, the results need to be interpreted with considerable caution
　・Our results give （ rise ） to a number of issues that warrant further research

［Move 6. 本研究の意義を改めて強調する（限界点を封じ込める）］
　・In （ spite ） of these limitations, the current study offers some insight into X
　・（ Although ） we cannot make any firm statements based on our small-scale study, it appears to be that...
　・Despite some limitations, this article, hopefully, can serve as a （ springboard ） for discussion and an impetus for X
　・In （ general ） , the results of this study emphasize that...
　・To （ sum ） up the results, it can be concluded that...

　　・We propose that further research should be （ undertaken ） in the following areas: ...
　　・This research has raised several questions in （ need ） of further investigation

第 3 部

Exercise 1

　　A first observation is that for all countries and variables, there is a clear socio-economic gradient. Unsurprisingly, the gradient is less clear for income quintiles, which is a rather crude measure and, compared to the subjective indicators, further away in the causal chain producing pocketbook anger. The fact that pocketbook anger does show the expected distribution should increase trust in the variable. Moreover, I would argue that the magnitude of the differences is important descriptive information in its own right. It suggests that citizens with unfavorable socio-economic positions experience considerable anger (and probably tend to externalize blame), even in the control group. Again, it might be possible that exposure to anti-elite rhetoric outside the experiment has contributed to this (which would lead to an underestimation of its effect in the experiment).

　　Turning to treatment effects by socio-economic group, there are some differences across contexts. But a general observation is that treatment effects do not decrease linearly with socio-economic position and that anger effects are far from being restricted to the bottom segments. In most cases, treatment effects do not differ significantly across groups. In France, they are actually strikingly homogenous. The only exceptions are high subjective positions (interestingly, French participants were reluctant to place themselves in the two highest status categories; they only comprised nine cases and had to be dropped from the analysis). Hence, it seems that there is considerable potential for pocketbook anger across society and that the emotion measurement is flexible enough to capture the probably quite different sources of anger in the middle and the lower classes. In this context, it should be borne in mind that populism in France is spread across the political spectrum. This means that it could be easier to link the generic anti-elite rhetoric used in the experiment to different economic grievances, such as poverty or excessive taxation.

Exercise 2

A desirable

B understandable

C preferable

D disappointing

Exercise 3

A extremely

B certainly

C substantially

D firmly

Exercise 4

A relatively

B generally

C tended, slightly

D probably

Exercise 5

解答と解説は本文中にあり。

Exercise 6

解答と解説は本文中にあり。

索 引

著者紹介

保田幸子 (やすだ さちこ)

　現在，神戸大学国際コミュニケーションセンター教授。

　神戸大学大学院教育学研究科英語教育専攻修了 (M.Ed.)。モナシュ大学大学院応用言語学研究科修士課程修了 (M.A.)。ハワイ大学大学院第二言語研究科博士課程修了 (Ph.D.)。

　早稲田大学国際教養学部助手，東京農業大学助教，九州大学大学院言語文化研究院准教授を経て，2016年10月に神戸大学国際コミュニケーションセンターに准教授として着任。2020年4月より現職。

　専門は，第二言語習得。その中でも，人間の書き言葉の習得，ライティング能力の発達に関心がある。これまで，一貫して，外国語学習者の書く行為やライティング能力に関する研究を行い，書くことの指導や教材のあり方について提言を行ってきた。研究成果は *Journal of Second Language Writing* や *TESOL Quarterly*, *Journal of English for Specific Purposes* など国際ジャーナルを中心に刊行されている。

英語科学論文をどう書くか
新しいスタンダード

A New Standard for Science Research Writing
Sachiko Yasuda

発行　　　2021年11月25日　初版1刷
定価　　　2400円＋税
著者　　　©保田幸子
発行者　　松本功

ブックデザイン　春田ゆかり
イラスト　萱島雄太

印刷・製本所　　株式会社 シナノ
発行所　　　　株式会社 ひつじ書房
　　　　　　〒112-0011 東京都文京区千石2-1-2 大和ビル2階
　　　　　　Tel 03-5319-4916　Fax 03-5319-4917
　　　　　　郵便振替 00120-8-142852
　　　　　　toiawase@hituzi.co.jp　https://www.hituzi.co.jp/

ISBN 978-4-8234-1080-2